死後事務委任契約の実務 第3版

Managing affairs after a death

士業のための「おひとりさま終活業務」の手引き

行政書士
吉村 信一 著

税務経理協会

はじめに

「今まで自分の身の回りのことは，なんでも自分でやってきた。最期についても，自分自身で責任を取りたい。」私が行政書士事務所を開業して間もない2012年の夏，当時，末期の膵臓がんで余命宣告を受けていたAさん（50代男性）から受けた相談です。

Aさんは，母子家庭で育ちましたが，母親は既に亡くなっており，推定相続人となる腹違いの兄弟とも全く交流がありません。「面識のない兄弟に遺産が行くくらいなら，お世話になった人に恩返しがしたい」，「兄弟たちに迷惑をかけないように死亡後の手続きを全てやってもらいたい」というのがAさんのご希望でした。その方法を模索するなかで「死後事務委任契約」という仕組みがあることを初めて知ることとなりました。

実務経験のある先輩もなく，参考になる文献や資料も乏しいなかで，まさにオーダーメイド＆体当たりで契約の設計を行い，お看取り，死後事務と遺言の執行と，新人のうちに実務の一連の流れを経験できたことは，奇跡的といえます。

Aさんとの一連の関わりのなかで，「今後の社会情勢や家族関係の変化を鑑みたとき，ニーズが高まっていく業務であること」，「ニーズに対して受け皿となる専門家が圧倒的に少ないこと」を実感し，これを自身の専門分野として深めていくことを決意しました。以後，死後事務委任契約の受任に積極的に取り組み，本著第3版執筆時（2022年秋）現在，Aさんを含め12名の方のお看取り（死後事務の執行）を行っています。

2018年6月，司法書士の島田雄左先生との共著で『おひとりさまの死後事務委任』を出版する機会をいただき，大変多くの反響をいただきました。本著では，前作で紹介した死後事務委任契約の実態について一歩研究を深め，「専門家としてどのように実務に取り組んでいくのか」という内容に特化してお伝えしたいと思います。第3版の出版にあたっては，第2版執筆時からの法改正や実務の変更点などの情報を追記いたしました。

　読者諸兄には，本著を通じて，業務遂行の流れや関連する法律といった知識習得に留まらず，実際の相談者の悩み・ニーズを理解し，実務に取り組むことの意義を含めた総合的なマインドセットを身に付けていただきたいと考えています。

　これから実務に取り組む方が勇気をもって臨めるように，可能な限り多くの情報を盛り込んだつもりです。少しでも本著をお役立ていただければ幸いです。

2022年12月

行政書士　吉村　信一

目　　次

第 1 章

死後事務委任契約に取り組むこととは

―委任者（本人）が（一般的に）親族以外の者である受任者に対し，葬儀・火葬・納骨等の葬送，その他，自身が亡くなった後に必要な諸手続（法律行為・準法律行為を含む）をすることを委託する契約―

　死後事務委任契約の定義を端的に述べるとこのようになるでしょう。

　我々専門家が日頃取り扱っている相続や遺言に関する業務では，被相続人（本人）の身近に親族がおり，その親族からの依頼，あるいは協力のもと業務を進めていくことになります。この場合，本人の看取りや葬送は親族が行い，専門家に連絡が来るのは死亡後一定期間が経過してから，というのが一般的です。冷めた言い方になりますが，専門家の立場から見れば本人の死は**相続開始原因**に過ぎず，死に対するリアルな実感を伴わないのが通常です。

　しかし，死後事務委任契約では，委任者（本人）の看取りや葬送を受任者である専門家が行うことになり，「死そのもの」「死への過程」に直に触れるという生々しさがあります。また，本人との一対一の関係以外にも，本人の死に際し，親族や周囲の関係者に対峙し，その感情にも向き合わなければならないという特殊性があります。本人が親族・関係者と築いてきた人間関係次第で，受任者は，本人に対する怒り，恨み，嘆き，悲しみなどのさまざまな感情をぶつけられることになりますが，それらの感情を受けとめつつ，親族・関係者にとっての本人の死を清算していくという役割も業務に付随して

きます。

　実際の業務は，冒頭で述べた定義（単純な事務手続のイメージ）に留まらない精神的ストレスを受ける要素が大きく，人の命あるいは人生そのものに真摯に向き合うという姿勢が重要になります。

　死後事務委任契約では，契約の本旨として「死」というキーワードが出てくるのですが，無機質な現象としての死ではなく，「温度を持った死」であることを改めて考えていただきたいと思います。通常の相続業務や遺言執行の延長線上にある業務というイメージで取り組むと大きなダメージを受けることになりますから，新たな専門家像を想い描きつつ，実務に取り組んでいただきたいと思います。

　続いて，昨今の社会情勢とニーズという観点から，死後事務委任契約に取り組む意義について考察したいと思います。

🌿 単身者を取り巻く社会情勢と市場ニーズ

●単身者の増加と孤独死の増加

　前作『おひとりさまの死後事務委任』（島田雄左・吉村信一著，税務経理協会）でも，「おひとりさま」というキーワードをタイトルに用いましたが，「はじめに」で紹介したAさんのように，死後事務委任契約の主な利用者は，おひとりさまと呼ばれる単身者になります。

　2015年（平成27年）に実施された国勢調査と，これに基づく「日本の世帯数の将来推計（全国推計）」（2018年2月28日，国立社会保障・人口問題研究所発表）によると，2015年〜40年の間に「単独」世帯は34.5％→39.3％に増加し，

65歳以上の高齢者に限ると32.6％→40.0％に増加するといわれています[1]。

　単身者の増加には，生涯未婚率[2]の上昇が密接に関係しています。生涯未婚率は，1990年の統計では男性5.6％，女性4.3％でしたが，2000年代以降大幅に上昇し，2020年現在，男性28.3％，女性17.8％となっています[3]。

　生涯未婚率が上昇する要因として，結婚に対する意識の変化，女性の社会進出，長引く不況と不安定な雇用など，さまざまなものが考えられますが，「そもそも結婚を望まない人」「結婚したくてもできない人」が年々増えているのが日本社会の実情です。

❀　性別生涯未婚率

年次	男性（％）	女性（％）
1980年	2.60	4.45
1990年	5.57	4.33
2000年	12.57	5.82
2005年	15.96	7.25
2010年	20.14	10.61
2015年	23.37	14.06

（国立社会保障・人口問題研究所「人口統計資料集（2017年改訂版）」より抜粋）

　単身者の増加と因果関係があるのが，孤独死（孤立死）の増加です。法令や行政文書で孤独死の定義がされているわけではありませんが，ここでは「主

1　国立社会保障・人口問題研究所ホームページ：http://www.ipss.go.jp/pp-ajsetai/j/HPRJ2018/t-page.asp

2　国勢調査報告に基づく，45歳～49歳，50歳～54歳における未婚率（結婚したことがない人の割合）の平均値。生涯を通じて未婚である人の割合を示すわけではありませんが，50歳時点での未婚者は，将来的に結婚する予定もないと考えられることから，生涯独身でいる人がどのくらいいるかを示す統計指標として使われています。

3　内閣府「令和4年版　少子化社会対策白書」

に単身者が誰にも気づかれずに死亡すること」，具体的には，日常生活における突発的な体調悪化や疾病，ケガによって自室内で死亡すること，としましょう。

　ひとり暮らしをしていると家族と頻繁に連絡を取り合うことも少ないですし，単純に未婚者＝子どもがいない人とすると，「気にかけてくれる人がいない（少ない）」ということにも繋がります。また，昨今のプライバシー意識の過剰な高まりから，地域コミュニティーの崩壊，近所付き合いの減少が進んでいます。「無縁社会[4]」とも呼ばれる人同士の繋がりが希薄になりつつある社会のなかで，単身者は孤立を深めるリスクが高く，そして，それは孤独死のリスクに直結します。

　孤独死は主に高齢者の問題として捉えられており，高齢者を対象とした見守り・安否確認の取組みが広がっていますが，一方で，「地域の気になるお年寄り」として目が行き届きやすい単身高齢者の陰で，リスクが見落とされがちな，働き盛り世代の孤独死が増えていることも見過ごせないポイントです。筆者が交流のある遺品整理事業者への取材によると，死亡後の発見が遅れた悲惨な孤独死の現場のおよそ6割が，60代以下の働き盛り世代宅だということです。周囲だけでなく当事者自身も「まさか」とリスクを認識していないケースがほとんどでしょう。単身者の孤独死リスクは，年齢を問わず全世代的な問題といえます。

●孤独死の増加が引き起こす社会問題
　孤独死の増加が引き起こす大きな問題は2つあります。1つは，「引き取

4　2010年放送のNHKスペシャル「無縁社会～"無縁死"3万2千人の衝撃～」による造語

り手のいない遺体・遺骨（いわゆる無縁仏）の増加」です。

　本人の氏名又は本籍地・住所などが判明せず，かつ遺体の引き取り手が存在しない死者（行旅死亡人）については，行旅病人及行旅死亡人取扱法に基づき，行旅死亡人が発見された地の市町村が遺体を火葬して遺骨を保存，官報公告等により引き取り手を待つというきまりになっており，身元が判明した場合でも「死体の埋葬又は火葬を行う者がないとき又は判明しないとき」は，墓地，埋葬等に関する法律（墓埋法）9条[5]に基づき，行旅死亡人と同様に発見地の市町村が取り扱うこととなっています（費用負担についても行旅死亡人と同じ取扱い）。

　取扱費用（火葬，遺骨保管費等）については，遺留品中に現金や有価証券があればそれを充て，遺留金銭で足りなければ，行旅死亡人が発見された地の市町村費で立替え，相続人が判明した場合は当該市町村が相続人に弁償を請求することとなっていますが，そもそも家族との繋がりがない単身者の場合，遺体や遺骨を引き取り，費用を弁償する人がいないことが圧倒的に多く，その場合，最終的には行旅死亡人の取扱いを行った地の都道府県が弁償するきまりになっています。ただし，指定都市及び中核市は行旅死亡人の取扱いについて都道府県に準ずる扱いを受けるため，都道府県に対してこれを請求することができません（行旅病人及行旅死亡人取扱法7条[6]，9条[7]，11条[8]，13条[9]，15条[10]，明治32年勅令第277号（行旅病人死亡人等ノ引取及費用弁償ニ関スル件）1条[11]）。

5　墓地、埋葬等に関する法律9条
　1　死体の埋葬又は火葬を行う者がないとき又は判明しないときは，死亡地の市町村長が，これを行わなければならない。
　2　前項の規定により埋葬又は火葬を行つたときは，その費用に関しては，行旅病人及び行旅死亡人取扱法（明治32年法律第93号）の規定を準用する。
6　行旅病人及行旅死亡人取扱法7条
　行旅死亡人アルトキハ其ノ所在地市町村ハ其ノ状況相貌遺留物件其ノ他本人ノ認識ニ必要ナル事項ヲ記録シタル後其ノ死体ノ埋葬又ハ火葬ヲ為スベシ（以下略）

孤独死の多くは都市部で発生していますが，発生地の自治体が取扱費用を丸ごと負担しなければならないということもあります。毎日新聞の調査によると，全国の政令市で2015年度に亡くなった人の約3.3％が引き取り手のない無縁仏として弔われていることが明らかになりました。特に大阪市の数字が顕著で，2015年度に生じた引き取り手のない遺骨は2,999柱で，市内の死者の約10％にあたるという特異なものです[12]。

　地域によって多少の差はあるでしょうが，直葬（火葬のみの葬儀）を行い，低廉な納骨堂へ遺骨を安置する最低限の葬送にかかる費用が１人あたり20〜25万円程度かかります。さらに，引き取り手を待つ間の安置料もコストとして加わります。大阪市の場合，単純計算で年間７億円から８億円の財政負担ということになりますが，これらの費用はもちろん税金で賄われるものです。無縁仏の数は今後ますます増加していくことが予想されますから，社会全体のコストとして見過ごせない問題になってきています。

　２つ目の問題は，「遺体の腐敗による不動産の損傷」です。読者諸兄もさ

7　行旅病人及行旅死亡人取扱法９条
　　行旅死亡人ノ住所，居所若ハ氏名知レサルトキハ市町村ハ其ノ状況相貌遺留物件其ノ他本人ノ認識ニ必要ナル事項ヲ公署ノ掲示場ニ告示シ且官報若ハ新聞紙ニ公告スヘシ
8　行旅病人及行旅死亡人取扱法11条
　　行旅死亡人取扱ノ費用ハ先ツ其ノ遺留ノ金銭若ハ有価証券ヲ以テ之ニ充テ仍足ラサルトキハ相続人ノ負担トシ相続人ヨリ弁償ヲ得サルトキハ死亡人ノ扶養義務者ノ負担トス
9　行旅病人及行旅死亡人取扱法13条
　　市町村ハ第九条ノ公告後60日ヲ経過スルモ仍行旅死亡人取扱費用ノ弁償ヲ得サルトキハ行旅死亡人ノ遺留物品ヲ売却シテ其ノ費用ニ充ツルコトヲ得其ノ仍足ラサル場合ニ於テ費用ノ弁償ヲ為スヘキ公共団体ニ関シテハ勅令ノ定ムル所ニ依ル
　　市町村ハ行旅死亡人取扱費用ニ付遺留物件ノ上ニ他ノ債権者ノ先取特権ニ対シ優先権ヲ有ス

まざまなメディアを通じて，孤独死の悲惨な現場の実態を見聞きする機会も増えてきていると思います。遺体の腐敗が進行すると，異臭や害虫が発生したり，遺体から浸潤した体液によって，床材など物件が損傷したりします。環境に悪影響があるのはもちろんですが，不動産オーナーにとっては原状回復や清掃に多大なコストが発生することになりますし，借主側の心理的瑕疵により，新たな入居者が決まりづらい，賃料を下げざるを得ないという損害も生じます。このような孤独死リスクに対応する不動産オーナー向けの損害保険商品も生まれてきてはいますが，孤独死による経済的な損失は大きいですし，身寄りがない単身者に部屋を貸すのをためらう不動産オーナーが増加することも予想されます。単身者が住まい探しで制限を受けるという問題も生じてくるでしょう。

　不動産に関するリスクという点でいうと，持ち家に居住する単身者につい

10　行旅病人及行旅死亡人取扱法15条
　　行旅病人行旅死亡人及其ノ同伴者ノ救護若ハ取扱ニ関スル費用ハ所在地市町村費ヲ以テ一時之ヲ繰替フヘシ（以下略）
11　明治32年勅令第277号（行旅病人死亡人等ノ引取及費用弁償ニ関スル件）1条
　　行旅病人及行旅死亡人取扱法第5条及第13条ノ公共団体ハ行旅病人行旅死亡人若ハ其ノ同伴者ノ救護又ハ取扱ヲ為シタル地ノ道府県トス
　　前項ノ規定ニ拘ラズ行旅病人行旅死亡人若ハ其ノ同伴者ノ救護又ハ取扱ヲ為シタル地方自治法（昭和22年法律第67号）第252条の19第1項ノ指定都市ハ地方自治法施行令（昭和22年政令第16号）第174条の30ノ定ムル所ニ依リ行旅病人及行旅死亡人取扱法第5条及第13条ノ公共団体トス
　　第1項ノ規定ニ拘ラズ行旅病人行旅死亡人若ハ其ノ同伴者ノ救護又ハ取扱ヲ為シタル地方自治法第252条の22第1項ノ中核市ハ地方自治法施行令第174条の49の6ノ定ムル所ニ依リ行旅病人及行旅死亡人取扱法第5条及第13条ノ公共団体トス
12　毎日新聞2017年7月16日朝刊：https://mainichi.jp/articles/20170716/k00/00m/040/143000c

ても，遺体の引き取りだけでなく，その後の相続手続が放置されることによっ
て，昨今問題になっている「空き家問題」に繋がることになります。所有者
不明土地等の解消に向け，土地利用に関連する民法等一部改正法（令和5年
4月1日施行），相続登記，住所変更登記の義務化を定めた改正不動産登記法
（令和6年4月1日施行），相続土地国家帰属法（令和5年4月27日施行）の運用
が開始されますが，相続登記の義務化[13]については，相続人が「自己のため
に相続開始があったこと」かつ「当該所有権を取得したことを知ったこと」
という主観的な要件に限定されていることからも，相続人がそもそも相続発
生の事実や不動産の存在を知らないといったケースでは，必ずしも問題解決
が図られるわけではないということが懸念されます。

　このように孤独死の発生は社会的損失が大きいものですが，何よりも亡く
なった本人の尊厳を損なうものです。
　地域社会あるいは民間企業により，見守りサービスなど孤独死を防止する
ための取組みが進んでいますが，本人の遺体をいち早く発見できたとしても，
最終的に誰がそれを引き受けるのか，葬送以外の諸手続については誰が責任
を取るのかという問題は解決されません。

●気づき始めた当事者

　最近では孤独死に関する報道も多くなされ，当事者自身が「周囲に迷惑を
かけないようにしたい」「尊厳を損なう死を迎えたくない」という思いで孤

13　不動産登記法（令和6年4月1日施行）79条の2（相続等による所有権の移転の登
　　記の申請）
　　　所有権の登記名義人について相続の開始があったときは、当該相続により所有権を取
　　得した者は、自己のために相続の開始があったことを知り、かつ、当該所有権を取得し
　　たことを知った日から3年以内に、所有権の移転の登記を申請しなければならない。遺
　　贈（相続人に対する遺贈に限る。）により所有権を取得した者も、同様とする。

独死リスクに備えておくこと，また，いざというときに頼れる人がいないことによる実生活上の不利益を経験し，人的な繋がりを作っておくことの重要性に気づき始めています。このニーズに応えることができるサービスが死後事務委任契約です。

　死後事務委任契約の特徴は「契約」によって本人と受任者の間に家族的な繋がりを擬制することにあります。単身者が抱えるリスクや不安を解消し，ひいては社会問題解決の一助になるサービスとして，今後ますます求められていくのではないでしょうか。

●専門家の立場から見た単身者マーケット

　多くの単身者は，我々が従来の相続・遺言業務で接する顧客とは違う性質を持っています。一般的な相続の目的は「積極的な財産の承継」にありますが，それは身近な家族（相続人）の存在が前提になっています。しかし，「親族との繋がりが希薄な単身者」の場合は，「遺産を承継させたい親族がいないので遺言を作る動機がない」，「身寄りがない（親族との繋がりが希薄な）ため，相続手続が放置される」という傾向が強くなります。また，昨今数を増やしている家族信託（民事信託）業務においても，「受託者に設定できる家族がいない」ということで，信託のスキームを組むこと自体そもそも不可能な場合があります。当然，業務依頼に繋がらないわけですから，**取りこぼし**が発生します。

　しかし，死後事務委任契約は**人的な繋がり**という新たな価値を提示することにより，従来では取りこぼしていた単身者層に訴求することができるサービスです。今後ますます拡大する単身者マーケットを取り込むために，死後事務委任契約に取り組むことは必須となるでしょう。

第2章

死後事務委任契約の概要

 成年後見制度における死後事務

　この章では死後事務委任契約の役割や立ち位置を，法的な面から分析していきたいと思います。

　まずは本旨である死後事務委任契約について解説する前に，**業務としての死後事務**として大きな括りに入ると思いますので，成年後見制度と死後事務の関係についてお話したいと思います。

　成年被後見人が死亡すると，後見は当然に終了し，成年後見人は原則として法定代理権等の権限を喪失します（民法111条1項1号[1]，同653条1号[2]）。
　成年被後見人死亡後に成年後見人が行うべき義務的事務として，①管理計算（民法870条[3]），②終了登記の申請（後見登記法8条1項[4]），③家庭裁判所への報告，などがあります。

1　民法111条1項1号（代理権の消滅事由）
　　代理権は，次に掲げる事由によって消滅する。
　　　一　本人の死亡
2　民法653条1号（委任の終了事由）
　　委任は，次に掲げる事由によって終了する。
　　　一　委任者又は受任者の死亡

本来はこれらの事務だけを履行すればよいのですが，実務上は，特に成年被後見人に身寄りがない場合において，葬送や債務の弁済などの死後事務を行うことを周囲から期待され，社会通念上これを拒むことが困難なケースが多くあるといわれています。しかし，法律上，成年後見人が行うことのできる死後事務の範囲が必ずしも明確ではなく，成年後見人が対応に苦慮する場合があるとの指摘がされていました。

　2016年（平成28年）10月13日に施行された「成年後見の事務の円滑化を図るための民法及び家事事件手続法の一部を改正する法律」では，成年後見人が行うことのできる死後事務の範囲を明文化（民法873条の２）し，この問題の解決を図っています。改正法で成年後見人が行うことができるとされた死後事務は次のとおりです[5]。

　なお，改正法は成年後見のみを対象にしており，保佐，補助，任意後見には適用されません。

●事務の種類

1　相続財産に属する特定の財産の保存に必要な行為

［具体例］

- 　相続財産に属する債権について時効の完成が迫っている場合に行う時

3　民法870条（後見の計算）

　　後見人の任務が終了したときは，後見人又はその相続人は，２箇月以内にその管理の計算（以下「後見の計算」という。）をしなければならない。ただし，この期間は，家庭裁判所において伸長することができる。

4　後見登記等に関する法律８条１項（終了の登記）

　　後見等に係る登記記録に記録されている前条第１項第１号に掲げる者は，成年被後見人等が死亡したことを知ったときは，終了の登記を申請しなければならない。

5　法務省ホームページ：http://www.moj.go.jp/MINJI/minji07_00196.html

効の更新（債務者に対する請求。民法147条１号）

・　相続財産に属する建物に雨漏りがある場合にこれを修繕する行為

２　相続財産に属する債務（弁済期が到来しているものに限る）の弁済

［具体例］

・　成年被後見人の医療費，入院費及び公共料金等の支払い

３　その死体の火葬又は埋葬に関する契約の締結その他相続財産の保存に必要な行為（１，２に当たる行為を除く）

［具体例］

・　遺体の火葬に関する契約の締結（引き取り手のない遺骨を納骨堂等に納骨する契約もこれに準ずるものと考えられる）

・　成年後見人が管理していた成年被後見人所有に係る動産の寄託契約の締結（トランクルームの利用契約など）

・　被後見人の居室に関する電気・ガス・水道等供給契約の解約

・　債務を弁済するための預貯金（成年被後見人名義口座）の払戻し

●**死後事務を行うための要件**

　成年後見人が上記１～３の死後事務を行うためには次の３つの要件を満たす必要があります。

①　成年後見人が当該事務を行う必要があること

②　成年被後見人の相続人が相続財産を管理できることができる状態に至っていないこと

③　成年後見人が当該事務を行うことにつき，成年被後見人の相続人の意思に反することが明らかな場合でないこと

　また，上記３の死後事務を行う場合には，①から③の要件に加えて，家庭裁判所の許可も必要となります。

なお，葬儀には宗派や規模などさまざまな形態があり，施行方法や費用負担等を巡って成年後見人と相続人間でトラブルが生じるおそれがあります。このため，改正法では，成年後見人に葬儀を施行する権限（喪主となる権限）までは与えていません（成年後見人が，後見事務とは別に，「個人」として参加者を募り，会費制のお別れ会などを開くことは可能と考えられる）。

　本人死亡後の財産は，本来は相続人が取得するものですから，これを相続人の承諾なく処分する行為である成年後見人による死後事務には**急迫の事情，相続人の利益に反しない最低限度の範囲**という制限がかかることになります。よって，家庭裁判所が認める付加報酬も**最低限度**の額しか認められないという運用になっています。

　最後の報酬の支払請求についても，協力が望みにくい相続人に対して行う，手間をかけて相続財産管理人の選任申立てを行う，などの必要があり，成年後見人が報われにくいという点においては改正法が施行されてもあまり変わらないという印象です。

死後事務委任契約に関する判例の考察

　先に述べた成年後見制度における死後事務は，成年後見人が「已むに已まれず」といった事情で取り扱うネガティブな要素が強く，葬儀や納骨の方法が成年被後見人の希望に沿った葬送なのかという疑問も残ります。

　成年被後見人の立場から見れば，「自身の死亡後に他人に負担をかけている」「希望に沿った最期を迎えられるわけではない」という点で，第1章で解説した**行旅死亡人**の取扱いと大差がないといえます。

　最近では，孤独死に関する報道が多くなされ，身寄りのない単身者の死後

事務がどのように取り扱われているのかという実情も知られるようになり，また「疎遠な相続人より信頼できる身近な他人に」と考える人が増えてきたことから，「自分の死後の葬送や事務処理を，信頼できる人に委託しておきたい」というニーズが高まっています。**委任**に属する契約類型においてこれを実現するのが「死後事務委任契約」です。

●判例の考察－委任者死亡の場合の契約関係

　死後事務委任契約を法解釈の面から理解するには，まず，「委任者の死亡」を委任契約の終了事由に挙げている民法653条１号の規定，つまり委任者死亡の場合の契約関係について理解しなければいけません。この件に関する重要な判例を紹介しましょう。

○平成４年９月22日／最高裁判所第三小法廷／判決／平成４年（オ）67号
（参照：金融法務事情1358号55頁）

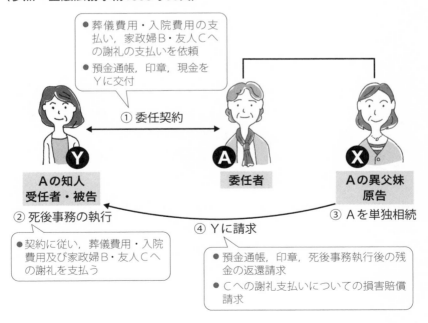

【事件の概要】

① 委任者・Aは，入院加療中の昭和62年3月初めころ，かねてより
   生活全般の面倒を見てもらっていた知人のY（受任者・被告）に，A
   名義の預貯金通帳，印章及び預貯金通帳から引き出した金員（約245
   万円）を交付したうえで，自身の入院中の諸費用の病院への支払い，
   死後の葬式を含む法要の施行とその費用の支払い，入院中に世話に
   なった家政婦のB及び友人のCに対する応分の謝礼金の支払いを依頼
   する旨の委任契約を締結する（契約書はなし）。

② 昭和62年3月28日にAが死亡した後，YはAの依頼に沿って葬儀
   や法要を執り行い，葬儀関連費用，入院費用を支払い，B及びCに謝
   礼を支払う。

③ Xは他の兄弟との遺産分割協議によってAを単独相続する。

④ XはYに対して次のように請求。
   ⑴ AY間の委任契約はAの死亡により終了する。
   ⑵ Aの財産はXに属するので，YはAから預かっていた預金通帳，
      印章，前記各費用を控除した残金をXに返還すべき。（葬儀費用等一
      部の支出は相当な出費であるが，）Yが支払った各費用のうち，Cに対
      する謝礼金の支出はXの承諾を得ず，独自の判断でした不法行為で
      あるので，YはXに対して，同額の損害賠償をすべき。

   これに対して，原審（高松高裁平成3年8月29日）では，AY間に委任契
約が成立することを認めたうえで，同契約は委任者の死亡により終了した
として，X勝訴の判決を下します。

   これに対しYが上告したところ，原審のY敗訴の部分を破棄し，差し戻
す判決が下ります。

【判決文抜粋】

…しかしながら，自己の死後の事務を含めた法律行為等の委任契約がAとYとの間に成立したとの原審の認定は，**当然に，委任者Aの死亡によつても右契約を終了させない旨の合意を包含する趣旨のものというべく，民法653条の法意がかかる合意の効力を否定するものでないことは疑いを容れないところである。**

　しかるに，原判決がAの死後の事務処理の委任契約の成立を認定しながら，この契約が民法653条の規定によりAの死亡と同時に当然に終了すべきものとしたのは，同条の解釈適用を誤り，ひいては理由そごの違法があるに帰し，右違法は判決の結論に影響を及ぼすことが明らかであるといわなければならない。この点をいう論旨は理由があり，原判決中，Y敗訴の部分は破棄を免れない。そして，右部分について，当事者間に成立した契約が，前記説示のような同条の法意の下において委任者の死亡によって当然には終了することのない委任契約であるか，あるいは所論の負担付贈与契約であるかなどを含め，改めて，その法的性質につき更に審理を尽くさせるため，本件を原審に差し戻すこととする。…

　この判例は最高裁判決で死後事務委任契約の効力を認めたものとして有名なものです。ポイントは民法653条1号の規定は強行規定ではなく任意規定である（当事者の合意により，反対の特約ができる）としていることにあります。

　委任契約は当事者相互の個人的な信頼関係を基盤とする契約ですが，委任者が死亡した場合，この信頼関係が委任者の地位を承継した相続人との間で継続するかどうかが問題となります。委任者の相続人は受任者に対して，委任者と同じ信頼を抱くとは限らないし，受任者としても委任者に役

務を提供することを望んでも，委任者の相続人に対してもそうであるとは限りません。民法653条1号の規定は，**当事者間の信頼関係がその死亡によって終了するという意思の推定**であり，**契約の当事者を不必要に拘束しないこと**が目的であると考えられます。あくまでも推定の規定であるとすれば，当事者がそれと異なる意思を示して変更することも可能といえるでしょう。

なお，法律行為以外の事務を委託する準委任契約においても「委任の規定を準用する」とされていますので（民法656条[6]），委任者死亡の場合の契約関係は，委任契約と同様です。

判例では，契約の趣旨から「委任者の死亡により契約を終了させない」という合意を推認しましたが，実務（契約書の作成）においては，契約の目的・効力をはっきりさせるため，この旨を明文化しておくべきでしょう。

●判例の考察－委任者の相続人による契約解除

委任者死亡後，「委任契約は終了せずに継続する」という根拠をもって，受任者は死後事務を執行します。受任者は当初委任者の依頼に基づいて事務を行いますし，依然，「自分は死亡した当初委任者の受任者だ」という感覚でしょう。

しかし，法律上の概念では，当初委任者は死亡により契約の権利主体ではなくなっています。よって，委任者としての地位は，民法896条[7]に基づき，

6　民法656条（準委任）
　　この節の規定は，法律行為でない事務の委託について準用する。

7　民法896条（相続の一般的効力）
　　相続人は，相続開始の時から，被相続人の財産に属した一切の権利義務を承継する。ただし，被相続人の一身に専属したものは，この限りでない。
　※　財産上の権利義務に限らず，契約上の地位・意思表示の相手方である地位も含まれます。

その相続人に承継されることになります。ここで考慮しなければならないのが、「委任は，各当事者がいつでもその解除をすることができる。」とする民法651条1項との関係です。

　委任者の地位を承継した相続人が委任契約を任意解除（無理由解除）できるとすると、「委任者の死亡によって委任契約が終了しない」ことを無意味にしてしまう可能性があります。この点につき，判例では次のように示しています。

○平成21年12月21日／東京高等裁判所／判決／平成21年（ネ）2836号
　（判例タイムズ1328号134頁）

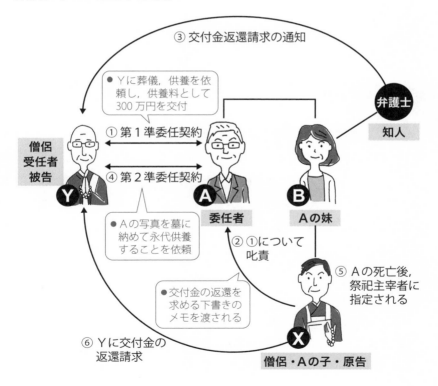

【事件の概要】

① 委任者Aは，平成8年5月頃，宗教法人甲寺が管理する墓地に墓を購入し，僧侶Y（受任者・被告・被控訴人）に対し，自分の葬儀及び一切の供養を依頼し，供養料として300万円を交付した（第1準委任契約）。

② Aは，宗教法人乙院の住職X（原告・控訴人）及びB（Aの妹でXの母）から，①について責められる。Yに対して交付金の返還を求める内容の下書きのメモをXから送られ，Bに対して知り合いの弁護士から手紙を出すよう依頼。

③ 平成15年12月8日付通知書で，Bの知人の弁護士が，Yに対し，葬儀及び永代供養をYに依頼する必要がなくなったとして交付金の返還を求めた。

④ 平成16年1月11日，AはYと面会し，改めて自分の写真を墓に納めて永代供養することを依頼した（第2準委任契約）。

⑤ Aが死亡。Aの遺言により，Xが葬儀及び祭祀の主宰者に指定された。

⑥ XはYに対し，第1準委任契約は原始的又は後発的不能であるから，その事務処理費用として前払いされた300万円は，Yの不当利得になるとしてその返還を求める。また，予備的請求として，第2準委任契約は第1準委任契約の更改契約であるが，第1準委任契約が無効であることにより旧債務が存在しないのでこれも無効である，さらに社会通念上履行不能又は解除されているとして，本件交付金の返還を求める。

これに対して原審（東京地裁平成21年4月22日判決）では，有償の第1準委任契約及び第2準委任契約の成立を認め，YがAの永代供養を行っている事実がある以上，第2準委任契約を解除しても，その解除により，本件

交付金の返還を求めることはできない。としてY勝訴の判決を下します。これに対し，Xが控訴しますが，次のように控訴棄却の判決が下ります。

【判決文抜粋】
　Xの第2準委任契約が社会通念上履行不能又は後発的不能になったという主張について

> …ところで，遺言は，遺言者が死亡するまで，何時にても新たな遺言を作成して，従前の遺言内容を変更することが可能であり，また遺言は，遺言者の死亡の時からその効力を生ずる（民法985条1項）のであるから，Xを葬儀及び祭祀の主宰者として指定する遺言が作成されたことのみをもって，本件第2準委任契約の事務が社会通念上履行不能又は後発的不能になったとはいえない。
>
> 　また，本件第2準委任契約の事務は，葬儀を執り行ったり，遺骨を墓に納めるというものではなく，本件墓にAの写真を納めて，永代供養するというものであるから，日蓮宗門下にある宗教法人甲寺の僧侶であるYにとっては，容易に行うことができるものである。したがって，Aの遺言により同じ日蓮宗の住職であるXが葬儀及び祭祀の主宰者に指定されたとしても，このことにより，Yが本件第2準委任契約の上記事務を遂行することが，社会通念上履行不能又は後発的不能になったと解することは相当ではない。…

　XがAの委任者の地位の承継者として，民法651条1項ないし同656条に基づき，第2準委任契約を解除したという主張について

> （平成4年最判を参照したうえで）…**委任者の死亡後における事務処理を依頼する旨の委任契約においては，委任者は，自己の死亡後に契約に従って事務が履行されることを想定して契約を締結しているのである**

から，その契約内容が不明確又は実現困難であったり，委任者の地位を承継した者にとって履行負担が加重（原文ママ）であるなど契約を履行させることが不合理と認められる特段の事情がない限り，委任者の地位の承継者が委任契約を解除して終了させることを許さない合意をも包含する趣旨と解することが相当である。

（中略）

　AとしてはXに対する祭祀の承継者の指定とは別に，あえてYに対し，本件墓をいわばお墓の別荘としてA自身のために永代供養してもらうことを企図していたものと解される。そして，本件第2準委任契約の事務の内容はAの写真を本件墓に納め，永代供養をするというもので，内容は明確であり，かつ実現可能なものであり，また極めて宗教的で委任者の内心の自由にかかわる事務であり，その対価も供養としてお経を上げるなどの宗教的行為をしてもらうことの謝礼としての意味を有し，依頼する者の宗教心に基づくものと解されるところ，本件において供養料は，Aにおいて既に支払済であって，Aの地位を承継したXには特に履行すべき義務はないのである。…

（中略）

　…以上のような本件にあらわれた諸事情を総合すると，本件第2準委任契約においては，委任者であるAが死亡し，祭祀承継者としてXが委任者の地位を承継することとなったとしても，Xに同契約を解除することを許さない合意を包含する趣旨と解するのが相当である。…

　この判例も死後事務委任契約の効力を争ったものとして有名なもので，「死後事務委任契約においては，委任者が死亡しても委任契約を終了させないという合意に，委任者の相続人も解除できないという趣旨が通常含まれている」として解除権の放棄を推認する解釈を示しています。

　もっとも，「契約を履行させることが不合理と認められる特段の事情が
ない限り」という但書きがあるように，契約当事者の合意を尊重すること
が，これに拘束される相続人の利益との関係で合理性があるかどうかがポ
イントになってきます。どこまでが，相続人にとって不合理な内容か，過
重な履行負担であるかの明確な基準があるわけではありませんが，筆者な
りに次のような検討をしてみました。

【不合理性・過重な負担についての判断】

　一般的な死後事務の内容は，遺体の引取り，葬儀・火葬・納骨，諸々の
契約解除など，受任者自身の手続行為を伴うものと，そのための費用（受
任者への報酬を含む）の支払い・債務の弁済という2つの要素で構成されて
います。

　葬送については，極めて宗教的で委任者の内心の自由に関わる事務であ
るため，相続人の意思に反すること，あるいは相続人の宗教的感情を害す
ることをもって不合理とまではいえないと考えられます（葬送の方式につ
いて委任者による明確な指定があり，受任者の裁量が限定されていることが必要）。
また，その他の契約解除等の事務処理についても，速やかな執行は相続人
の利益に適うものであり，不合理と認められる事情は見当たりません。

　ここで検討すべきは費用の支出の部分でしょう。死後事務に関する費用
（執行費用）については，①事後的に受任者から相続人に求償する，②委任
者が契約時に自己の財産から用立てる，の2つの負担方法が考えられます
が，受任者のリスクとなる①の方法はほぼ使うことはありませんので，一
般的には②の方法を選択することになります。

　何人も遺言等によって自由に自己の相続財産の処分方法を決めることが
できますが，一方で遺留分による制限を受けます。委任者が自己資金で用

立てる執行費用は，その管理方法により①預託金方式，②信託方式，③保険金方式，④委任者管理方式の4つが考えられますが[8]，①，④の方式では，委任者死亡後，執行費用は相続財産としての性質を持つことになるので，妥当とはいえない（通常，相続人が負担すべきとはいえない）支出が相続人の遺留分を侵害する程度に及ぶ場合，（遺留分権利者たる）相続人に直接の費用負担が生じなかったとしても，「不当な利益の侵害」であるとして契約の不合理性が浮上し，契約の無効・解除を求められる可能性が出てくるのではないかと考えられます。

　③の保険金方式は，委任者を契約者兼被保険者とする生命保険契約の死亡保険金をもって執行費用に充てるものです。原則として死亡保険金は遺留分侵害額請求の対象にはなりませんが，財産の過半を保険料として一時払いした場合には，遺留分侵害の意図がある保険契約とみなされる可能性があります。また，②の信託方式は，委任者死亡時まで，執行費用を信託会社に預託するものですが，平成30年9月12日の東京地裁判決において「遺留分を侵害することを知りながらした信託契約は公序良俗に違反して無効である」という判断が示されたことから，財産の過半を執行費用として信託財産に充てた場合は，遺留分侵害の意図がある信託契約であるとみなされる可能性があります。執行費用を相続財産以外の形で受領する形を採っても遺留分の問題は生じ，これをもって契約の無効・解除を求められる可能性は否定できないと考えられます。

【遺留分と死後事務の費用】

　遺留分は，相続開始時の遺産総額に贈与した財産を加えた額から相続債

8　詳細は第5章で解説

務全額を控除した額を基準に算定します（民法1043条1項[9]）。贈与は原則
として相続開始前1年間の価格を算入しますが，遺留分を侵害することを
知ってした贈与は1年以内か否かに関わりなく遺留分侵害額請求の対象と
なります（民法1044条1項[10]）。ですから，「執行費用は預託金ではなく贈
与されたものだ」という主張を展開して，請求を回避することもできませ
ん。

　相続債務は，「本来であれば被相続人（委任者）が支払うべきものとして
死亡時に確定しており，当然に相続人に負担義務が生じるもの」なので，
委任者の死亡に伴って生じるさまざまな費用負担（死後事務の費用）が，控
除可能な相続債務にあたるのかを検討します。

① 　租税公課，医療費，家賃，公共料金その他私法上の未払債務→控除
　できる

　特に解説するまでもなく当然に相続債務として控除できます。

② 　葬儀，納骨等の費用→控除できない場合がある

　死亡後に発生する費用である以上，相続債務とはいえませんし，葬儀
費用を誰がどのように負担するかについて，民法その他の法律で明確に
なっておらず，実質的喪主負担説，相続財産負担説など諸説あるなかで，
葬儀費用を確実に遺留分の価格から控除するという取扱いはできないと
考えられます。相続人との調整により，葬儀費用を控除する費用に含め
るという合意ができる余地はありますが，委任者の生前の地位，遺産総

9　民法1043条1項（遺留分を算定するための財産の価格）
　　遺留分を算定するための財産の価格は，被相続人が相続開始の時において有した財産
　の価額にその贈与した財産の価額を加えた額から債務の全額を控除した額とする。
10　民法1044条1項（遺留分の算定）
　　贈与は，相続開始前の1年間にしたものに限り，前条の規定によりその価額を算入す
　る。当事者双方が遺留分権利者に損害を加えることを知って贈与をしたときは，1年前
　の日より前にしたものについても，同様とする。

額に照らして妥当といえる範囲を超える金額については，争いになる可能性が考えられます。

③　遺言執行に関する費用→控除できない

　遺言執行に関する費用には，遺言書の検認費用，財産目録の作成費用，相続財産の管理費用，遺言執行者の報酬，その他訴訟費用，登記費用があり，これらは相続財産の負担となりますが，これによって遺留分を減ずることはできないとされています（民法1021条[11]）。遺留分の制度は，相続権の最小限度を定めたものなので，ここから遺言執行費用を差し引くと，目的が達成されないことになるからです（よって費用負担者は受遺者ということになる）。

④　委任事務報酬→控除できないと考えられる

　委任事務報酬が，①の私法上の債務にあたるかがポイントですが，受任者が報酬を受けるタイミングは，委任事務を履行した後（後払い）になるので，委任者死亡時には債務として確定していないと考えられます。便宜上，「相続財産のなかから委任者の地位を承継した相続人が負担するもの」と考えられます。

【妥当といえる支出かどうかの判定】

　こちらについては，遺留分の算定式とは切り離し，「相続人の利益を不当に害するか」という点で判定します。

①　相続債務の弁済→妥当な支出といえる

　むしろ債務の速やかな弁済は相続人の利益に資するものです。

②　遺体の引取り・火葬→妥当な支出といえる

11　民法1021条（遺言の執行に関する費用の負担）

　遺言の執行に関する費用は，相続財産の負担とする。ただし，これによって遺留分を減ずることができない。

　一般的には親族・相続人が行うべき事務ですし，最低限生じる実費なので，不当に利益を侵害するとはいえないでしょう。

③　葬儀・法要→<u>一定範囲以上の金額については，過重負担とみなされる可能性がある</u>

　先に述べたとおり，委任者の生前の地位，遺産総額に照らして，妥当といえる範囲を超える金額については，争いになる可能性が考えられます。

④　委任事務報酬→<u>過重負担とみなされる可能性がある</u>

　それが正当な対価であったとしても，報酬の負担によって遺留分が侵害されることが予見される契約（遺留分侵害の意図がある契約）を設計するのはどうなのか……という疑問は大いにあります。相続人の立場としては看過することはできないでしょう。

　相続人と契約の効力を巡って裁判等の紛争に至った場合，受任者は不安定な立場に長く拘束されることになりますし，当初想定していた報酬を満額受領できないおそれもあります。そもそも遺留分のリスクを差し引いても，経済的な不安・制限のある依頼者との契約は受任者にとって，資金不足（報酬の取りっぱぐれ・費用の持ち出しなど）のリスクがあるので慎重に判断すべきです。

　死後事務委任契約は「溺れている依頼者を助けにいくようなものである」と筆者は考えます。救助者たる受任者の身の安全（最たるものは費用の担保）が確保できないのであれば，安易に受任すべきではないでしょう。

【死後事務を行う期間の妥当性】

　通常，死後事務委任契約は，委任者の死亡後，比較的短期間に行う事務を想定していますが，先に紹介した事例では，僧侶である受任者に対して

相当な期間，委任者の供養をすることを委任事務に定めています。実際の依頼者からも，「納骨を行った後，寺院への管理費の支払いや布施の支払いを継続して墓の維持管理をしてほしい」「○回忌まで年忌法要を営んでほしい」といった相談が寄せられることがあるでしょう。この場合，契約の終期が不明確であったり何カ年にも及んだりすることになりますが，これは履行負担の面で受任者を長期間拘束するばかりでなく，便宜上委任者の地位を承継した相続人をも長期間拘束することになります。受任者はともかく，相続人は自ら望んで委任者の地位を承継するわけではないので，できるだけ速やかに契約当事者の立場から解放するべきであると筆者は考えます。相続人にとって，契約期間（拘束期間）の長さが解除事由になりえるかどうかは定かではありませんが，この懸念を払拭するためにも，できるだけ短期間（概ね1年以内）に全ての死後事務が終結するような設計をすべきでしょう。

死後事務委任契約と相続法理との関係

死後事務は，大きく分けて，遺体の引取り・葬儀・火葬・納骨等の「葬送」と呼ばれる事務と，不動産賃貸借契約や電気・ガス・水道等の供給契約など私法上の契約の解除に関する事務の2種類に分類することができますが，これらの事務に伴う費用の支払い・債務の弁済や遺品整理と呼ばれる家財の処分については，**委任者（被相続人）の遺志による財産処分**という性質を持っています。

死因贈与契約（民法554条），第三者のためにする契約（民法537条※生命保険など），信託契約（信託法3条1号）など，**契約法理**に従い，被相続人の遺志によって財産処分を図る方法は認められていますから，死後事務委任契約

によってもこれを実現することは可能と考えられます。

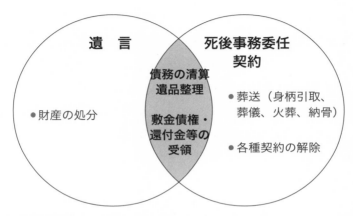

　一方，**相続法理**では，被相続人の遺志による財産処分を「法定遺言事項」にしていますので，財産処分に関して内容の抵触（矛盾）する遺言と死後事務委任契約が併存した場合，どちらを優先すべきかという解釈は困難になります。また，不動産賃貸借契約の解除を例にすると，解約手続の過程で，敷金や火災保険契約の還付金[12]等を受領する場面が出てきますが，これら委任者（被相続人）の債権を受領する行為は，委任契約に付随する事務管理にあたるとも，相続財産の管理行為として遺言執行事務にあたるともいえるところです。

　遺言と死後事務委任契約は，どちらも依頼者の遺志の実現を確実にすることを目的にするものですから，双方で調和を取るべきものです。
　筆者は死後事務委任契約を設計するとき，「清算型遺言」をベースにしています。清算型遺言とは簡単にいうと「遺言者の相続財産から遺言執行者を

12　前納した保険料のうち，死亡月以降分のものは，還付される場合があります。

して葬儀費用や債務等を支払った後の残余金を〇〇に遺贈する（相続させる）」という内容の遺言です。

　この遺言ではもちろん，受任者が遺言執行者を兼ねます。遺言により，受任者（遺言執行者）による財産の管理・処分権の大枠を作り，法定遺言事項にあたらない，葬送に関する指示や契約解除などの細かい事務の詳細については，死後事務委任契約で取り決めます。

　図のように，遺言でしか実現できないこと，死後事務委任契約でしか実現できないこと，両方の領域にまたがるものを区別し，全体として矛盾が生じないように設計することが重要です。

　前項で，死後事務委任契約は「溺れている依頼者を助けにいくようなものである」と述べましたが，金銭的なリスク以外にも，親族・相続人との調整，宗教者や契約の相手方との調整など，依頼者の遺志実現のために受任者は高いリスクを負うことになります。ですから，依頼者の遺志実現のためだけでなく，受任者のリスク回避（権限の強化，明確化）という観点からも，遺言と死後事務委任契約がお互いを補完し合い，踏み込めない領域を最小化することが重要になります。

　また，死後事務委任契約については要式行為ではない（口頭でもよい）し，契約書は私署証書でもよいものではありますが，委任者死亡後に効力を生じるものですから，第三者との関係で真正性を巡るトラブルが発生しないよう，遺言とともに公正証書にすることが必須です。

🍃 死後事務委任契約における受任者の役割

　第1章で死後事務委任契約の意義や受任者の役割について解説しました

が，ここでは**狭義の死後事務委任契約**，すなわち，**委任者（本人）が（一般的に）親族以外の者である受任者に対し，葬儀・火葬・納骨等の葬送，その他，自身が亡くなった後に必要な諸手続（法律行為・準法律行為を含む）をすることを委託する契約**という点を掘り下げ，死後事務執行時における受任者の役割について考えてみたいと思います。

　死後事務委任契約のイメージを簡単に図で表してみました（ここでは便宜上，遺言執行も死後事務と同じ括りに入れている）。

　身近に頼れる親族がいない単身者が終活対策としてまず考えるのが，葬儀社や納骨堂等の生前予約ですが，葬儀の方法や遺骨の安置場所を決めても「誰が喪主となり関係各所と連絡調整をするのか」「誰が必要な費用の支払いを

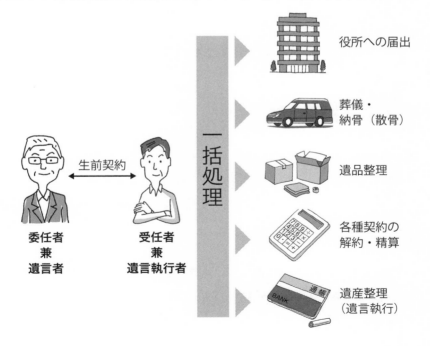

役所への届出

葬儀・
納骨（散骨）

遺品整理

各種契約の
解約・精算

遺産整理
（遺言執行）

生前契約

委任者
兼
遺言者

受任者
兼
遺言執行者

一括処理

31

管理するのか」といった課題は残ります。葬儀社等との個別契約によってある程度解消できたとしても，基本的には数ある死後事務のうちのひとつを単品買いしているだけなので，処理されずじまいの死後事務が多数発生します。この空白を埋め，親族の代わりに死後事務全体のオーガナイザーとなるのが受任者の役割です。

　死後事務を大きく2つに分類すると，
　①　葬儀社を手配して葬儀を施行する，遺品整理業者を手配して自宅を片付ける，など，受任者が履行補助者となる各業者との契約を通じて目的を達成するもの
　②　役所への届出等の諸手続，各種契約の解約，遺言執行など，受任者自身が相手方（役所の担当者，各契約先企業，金融機関，相続人，受遺者など）と連絡調整を行うことによって目的を達成するもの
となります。

　やっていることが複雑そうに見えるかもしれませんが，分解すると「連絡・調整」と「支払いの管理」の2種類だけです。シンプルな内容ではありますが，「親族以外の第三者が手続きの責任者となる」というイレギュラーな前提（相手方にとっては戸惑いしかない）条件のなかで，広範囲に亘る手続きの相手方との「連絡・調整」を円滑に進めるには，国家資格者の与信がモノをいいます。筆者自身，実際に死後事務を執行した際の実感として，これを感じています。

　契約書の作成など契約段階で法律知識を生かすことはもちろん，国家資格者であることそのものが，依頼者の希望の実現に寄与することになるといえます。

第3章

サービスを必要とする人の属性

　この章から実際に死後事務委任契約を受任するうえで重要なポイントを解説していきます。具体的には次のようなアプローチとなります。

① 　サービスを利用する人の属性（顧客像）を理解する（ターゲティング）

② 　提供するサービスのラインナップを考える（遺言・各種契約の組み合わせ提案）

③ 　受任するうえでのリスクを把握し，対応策を講じる

④ 　関連事業者と連携を構築する

⑤ 　契約の設計に必要な，依頼者からのヒアリング事項を把握する

⑥ 　遺言書・委任契約書の重要条文の確認

⑦ 　実務（死後事務）の流れを押さえる

　この章では具体的にどのような人が死後事務委任契約のサービスを必要としているのかを解説します。これまで筆者のもとに寄せられた問い合わせ・相談をまとめ，次のように分類してみました。

 世帯構成

　まず，本人の世帯構成という点で，「単身者」，「二人暮らし世帯」の二種類に分類できます。

●単身者

- 生涯未婚の人
- 離婚経験のある人
- 配偶者と死別した人

単身者をさらに分類すると上記の3属性に分かれます。

生涯未婚の人は，本人は結婚生活を望んだり憧れたりしていたが良縁に恵まれなかったという人，結婚というライフスタイルを望まなかった人に分かれるでしょう。

離婚経験のある人は，結婚生活で苦い経験をし，「もう結婚生活はこりごりだ」と，一人で生きていくことを決めている人が多い印象です。

配偶者と死別した人は，高齢者が中心となります。配偶者の看取りを経験し，自分自身もそれなりの年齢なので，終活の具体的なプランを持っている人が多いです。

●二人暮らし世帯

- 夫婦二人暮らし世帯
- 同性カップル世帯（厳密には別世帯になっていることが多い）
- 親一人，子一人の世帯
- 兄弟二人暮らし世帯

二人暮らし世帯は上記の4属性に分かれます。

どちらか一方が亡くなると，残る一方（生存者）は単身者になる「おひとりさま予備軍」です。自分亡き後の残されたパートナーのことを考えておきたい，あるいは自分が一人残されたら…という2つの悩みを持っています。

親族構成・関係性

続いて，世帯構成とは別に親族構成・関係性という点で分類してみます。

●子どもがいない

サービスを必要とする人を構成する，最も基本的な要素です。看取り・死後事務は，自分より若く，最も身近な親族である子どもが担うのが一般的ですから，子どもがいない人は「誰に頼めばよいのか」という悩みに陥ることになります。

●兄弟がいない

子どもがおらず，親が既に亡くなっている，あるいは高齢である場合は兄弟を頼ることになりますが，一人っ子の場合は，いよいよ頼れる親族がいません（兄弟がいなければ甥・姪もいない）。法律的にも推定相続人がいなければ，最終的に責任を負ってくれる人が一人もいないということになります。

親がまだ健在の場合は，「自分が親より先に亡くなったら，誰が親のことを見てくれるのか」という悩みも抱えています。

●親族と交流がない

子，親，兄弟等の親族はいるが，長らく疎遠にしている，過去にいざこざがあり絶縁状態であるといったケースも多くあります。トラブルの原因は本人に起因するもの，親族側に起因するものなどさまざまです。「親族は自分の後始末をしてくれないだろう…」という人から「親族の力は絶対に借りたくない！」と恨みや憎しみを抱いている人もいます。契約時点で親族に連絡を取り，了承を得ることはまずありませんし，葬送を巡るクレームや遺留分の問題など，受任者がトラブルの渦に飲み込まれるリスクを孕んでいます。

●親族が遠方に住んでいる

「子どもが海外赴任しているので，長期間日本に滞在して死後事務を行うことができない」など，親族との関係は良好だが，負担をかけないように備えておきたいというニーズもあります。契約時点で親族と連絡を取り，協力関係を築くことが望ましいでしょう。

●身近な親族が高齢

身近な親族は同世代の兄弟や，おじ・おばなどの高齢者しかいないため，「多岐にわたる死後事務の負担を負わせることはできない」「必要な事務を完遂できないだろう」と身体的負担を考慮する人も多くいます。高齢だけでなく，身近な親族が疾病や障害を抱えているというケースもあります。

実際には，これらの要素が複数組み合わさってその人のステータスを構成しており，依頼動機となる出来事が加わって，相談・依頼へと繋がります。

🍃 実際の相談事例

┃ 事例1　50代男性　※「はじめに」で紹介したAさん

動機　末期がんを患い余命宣告を受けたので，周りの人に迷惑や負担をかけないように準備をしておきたい。

ステータス　未婚で子はなく，親も他界している。異母兄弟とは全く交流がないので頼れない。

┃ 事例2　40代女性

動機　危険度はさほど高くないが，全身麻酔による開頭手術をすることになった。病院からは緊急時の身元引受人を求められ，今回は友人に頼んだが，

今後も友人に頼むわけにはいかないと考えている。病気をきっかけに，もしものときに責任を取れる体制を備えておく必要性を感じた。

> ステータス　数年前に離婚を経験し，そのことがきっかけで両親・兄弟との関係がこじれ，以後，絶縁状態となっている。家族は絶対に頼りたくない。

事例3　50代女性

> 動機　母親が亡くなり，自分一人で相続手続・死後事務を行い，その大変さを実感したが，自分が亡くなったときに死後事務を引き受けてくれる親族がいないことに気づき，不安になった。

> ステータス　未婚・子なしで両親は既におらず，兄弟はいない（一人っ子）。＝推定相続人が一人もいないので，いざというときに頼れる親族がいない。

事例4　70代男性

> 動機　サービス付き高齢者住宅（サ高住）への転居を考えているが，施設から身元引受人を求められたことをきっかけに，死後の備えについても考え出した。

> ステータス　配偶者とは死別し，子もいない。同世代の兄一人が遠方にいる。

事例5　60代夫婦

> 動機　夫婦が揃って還暦を迎えたので，終活について考え始めているが，一人息子の協力が望めそうにないのが不安。

> ステータス　夫婦は二人暮らし，一人息子は遠方で一人暮らしをしている。特に妻と息子の折り合いが悪い。

　40代，50代の方の事例を多く紹介しましたが，筆者が受ける相談・依頼

の5割～6割はこの世代の方からのものです。「親を看取り，相続や死後事務を経験する」「入院・手術を要する大病を患う」など人生観に影響を与える経験をするのがこの年代ですし，「ニーズは高齢者だけではない」という気づきは，筆者自身，実務に取り組んでみて初めて得られたものです。

　頼れる親族がいないことは，自己決定権と尊厳の保持（自分らしい生き方，死に方の選択）の大きな障害になります。依頼動機や相談者の置かれている状況・年齢はさまざまですが，「おひとりさま」は，人生のさまざまな場面でこの課題に直面し，不安や不便さを抱えながら生活することになります。死後事務委任契約はこの不安・不便を解消する手段として，ターゲットに訴求していくサービスになります。

　読者諸兄には，さまざまな属性の方がサービスを必要としている，又は潜在的なニーズがあるということをご理解いただきたいと思います。そして，実務上の営業戦略としては，どの層をターゲットにしてアプローチしていくのか，ということを考えていただきたいと思います。

　例えば，子なしの中高年夫婦向けのサービスとして従来からある遺言書の作成と遺言執行（パートナーに向けた相互遺言）だけでなく，夫婦の一方が亡くなった後の生存配偶者（看取る親族がいなくなる方）を対象とした死後事務委任契約も提案することができるでしょうし，セクシャル・マイノリティの方の支援業務をしている方にとっては，同性パートナーシップ契約と絡めた死後事務委任契約の提案が可能になります。

　まずは，自分が既に取り組んでいる業務に死後事務委任契約を加えるというのが，スマートかつ無理のない導入になるのではないでしょうか。

第4章

遺言・各種契約の組み合わせ提案

　第3章（38ページ）で，死後事務委任契約は，依頼者の抱える不安や不便を解消するための手段であるとお話しました。となると，死後事務委任契約は，**死後の手続委託**という狭い目的ではなく，**ライフプランニング＝人生を豊かにするためのツール**という大きな目的を持つことになります。この目的を達成するために，遺言と3種類の契約，尊厳死宣言を組み合わせ，人生の最後まで暮らしを丸ごと支える枠組みを構築することを提案したいと思います。

**遺言と3種類の契約＋尊厳死宣言で家族に代わって
人生の最後まで暮らしを丸ごと支える枠組みを作る**

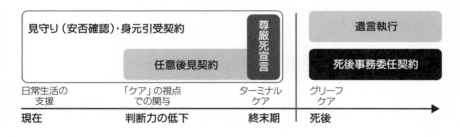

🍃 見守り・身元引受契約

　孤独死のリスクを防ぎ，死後事務委任契約を実効性のあるものにするために，契約時から定期的な安否確認を開始します。また，入院や施設入所などが必要になった際は，身元引受人や緊急連絡先として対応するという内容の

サポートを開始します。住まい探しや介護施設を探したいというときは情報収集・提供などのサポートを求められることもあるでしょう。

　この時期は程度の差はあれ，依頼者自身が自立した生活を送っていますので，「困ったときに相談にのる」御用聞きとしての関わり方で十分でしょう。もちろん，要望に応じて暮らしに関連するさまざまな手続きをサポートしたり，通帳・貴重品などを管理したりすることもあるかと思います。

　契約の名称が特に定まっているわけではないので，任意代理契約，財産管理契約，生前事務委任契約など実態に合わせて名称を決めればよいでしょう。契約期間は，原則，契約時から依頼者が死亡するまで又は委任後見契約の開始までとなります。

任意後見契約

　依頼者が高齢になるにつれ，認知症による判断能力低下のリスクが高まります。第三者による法定後見がついてしまっては，受任者による生活支援ができなくなりますので，備えとして任意後見契約を組み合わせることも欠かせません。判断能力の衰えがなければ，任意後見契約を利用しないまま依頼者が死亡する場合も十分ありますので，**保険**としての意味合いを持つものになるでしょう。また，死後事務委任契約における「死亡届」の問題においても，任意後見契約の存在が重要になります（詳細は9章（244ページ）において解説）。

　判断能力が衰えなくとも，体力の低下によって，医療依存度・介護依存度が高まっていくでしょうから，依頼者の意向を聞きつつ適切な医療・介護サービスを取り入れていくなど，「ケア」の視点から依頼者の生活を支えていくことも必要になってきます。

　任意後見契約が開始する（任意後見監督人が選任される）と，見守り・身元

引受契約は終了します（当該契約の事務は任意後見契約に引き継がれる）。また，契約の終了は，原則，依頼者の死亡時となります。

尊厳死宣言

　依頼者が末期がんなどの重篤な病気にかかったり，意思表示ができない状態に陥ったりした場合など，人生の最終盤（終末期）には，尊厳死宣言が効果を発揮します。

　尊厳死宣言は，患者本人の治療方針について「回復の見込みのない末期状態に陥ったとき，死期を伸ばすだけの過剰延命治療は控えてほしい」という希望を，家族あるいは医療従事者向けに伝えるもので，多くは「尊厳死宣言書」という書面に残します。要式が定まっているわけではありませんが，真正性の確保という面から，事実実験公正証書[1]の一種である「尊厳死宣言公正証書」として作成することが基本です。

　尊厳死宣言書に法的拘束力はありませんが，医療従事者の間では，患者本人の意思を尊重し，尊厳死を容認しようという動きが大勢を占めているといわれています。尊厳死宣言は，あくまでも患者本人（依頼者）の意思表示なので，受任者が何らかの義務を履行する性質のものではありませんが，家族ではない受任者が医療行為の方針を決定することは困難ですから，依頼者の最期の希望を実現するためのツールとして有効です。

1　公証人が，自身の視覚，聴覚などの五感の作用により直接体験した事実に基づいて作成する公正証書。相続財産の把握のため，被相続人名義の銀行の貸金庫を開披し，その内容物を点検・確認するものや，キャンペーンや懸賞の抽選が適正に行われたことを担保するため，抽選の実施状況を見聞するものなど，多種多様な事実の証拠保全機能を有します。尊厳死宣言の場合は，嘱託人（依頼者）の陳述を記録する（このような話を公証人が聞き取った）という形式を採ります。

ただし，健康上問題がない時期と病気で死期が迫った時期とでは，依頼者の尊厳死に関する価値観は大きく変化することが予想されます。契約時に尊厳死宣言を強制する必要はありませんし，尊厳死宣言をしている場合でも折を見て意向を確認するといった必要があるでしょう。

　終末期（人生の残りわずかな時間）を，自分らしく満足に過ごせるよう，病気の症状による苦痛や不快感を緩和し，精神的平穏や残された生活の充実を優先して行う医療的な関与のことを「ターミナルケア」といいますが，苦痛や不安と向き合う依頼者に寄り添い，精神的な支えとなることも受任者の重要な役割になってきます（ターミナル＝終末期のこと）。

🌿 遺言執行・死後事務委任契約

　依頼者が亡くなったあとは，遺言執行，死後事務委任契約の執行に移行し，依頼者の希望に沿って手続きを執り行っていきます。

　この際，依頼者の遺族や知人などの関係者に連絡を取ったり，会って話をしたりする機会もありますが，近しい人との死別により抱く感情は人それぞれであり，たとえ疎遠だった親族だとしても，「なぜ自分を頼ってくれなかったのか」と悲嘆にくれることもあります。

　このとき，その人が抱く感情に寄り添い，依頼者の死を受け止め乗り越えていくことを支援していく姿勢，「グリーフケア」という観点も重要になってくるでしょう。

🌿 依頼者の実感できる契約の効果

　死後事務委任契約そのものが果たす「死後の手続委託」の結果について，依頼者が直接実感することはもちろん不可能ですが，「契約していること」

によって依頼者が実感できる作用としては

① 人生の最後まで，自己決定，自己選択に基づく自立した生活を送ることができる

② 尊厳ある生き方，尊厳ある死に方を実現できる（自分らしい生き方，死に方を実現できる）

③ 終末期（死への過程）で感じる不安，苦痛，孤独，死への恐怖，別れの寂しさなどの感情を和らげることができる

といったものが挙げられます。

　もともとは医療上の概念ではありますが，QOL（クオリティ・オブ・ライフ），QOD（クオリティ・オブ・ダイング），つまり**生活の質**，**死にゆく過程の質**の向上を主目的にすることが依頼者の満足に繋がりますし，死後事務委任契約も，その目的を達成するための一手段であると捉えていただきたいと思います。

　遺言と複数の契約を組み合わせ，人生の総合支援をするという考え方は，営業戦略としてもプラスになります。例えば，依頼や相談の切り口が「相続対策のために遺言書を作りたい」「認知症のリスクに備えて任意後見契約を結びたい」であっても，死後事務委任契約を併せて提案することにより，幅広い業務の受任に繋げることが可能になります。依頼者との1対1の付き合いは，非常に長い年月に亘ることもあり，受任にあたっては相応の覚悟も必要になりますが，ご自身が想い描く専門家像と照らし合わせて，実務に取り組む意義を考えてみていただきたいと思います。

第5章

受任するうえでのリスクの把握と対応策

この章では，死後事務委任契約を受任するうえで考えられるリスクとその対応策を考えています。

🌿 依頼者の死そのものに触れる精神的負担

まず初めに検討しなければならないのが，第1章（1ページ）で述べた死後事務委任契約の本質＝「依頼者（委任者）の死そのもの」に触れるという精神的負担です。これは，依頼者の身近に頼れる親族がいないという特殊性から生じる問題で，通常の相続・遺言執行業務では感じられない問題かもしれません。

特に依頼者の終末期（例えば末期がんでの闘病中）においては，肉体的苦痛を味わう姿や，体調の悪化に伴い痩せ衰えていく姿など，**死にゆく過程**を目の当たりにする辛さを味わいますし，死への不安や焦燥感といったストレスを抱えた依頼者から暴言を浴びせられるといったこともあるでしょう。それでも最期まで寄り添い，精神的な支えとなることが求められます。最終的には看取りを通じて依頼者の死そのものに触れることになりますが，筆者自身，目の前で心電図の波形が止まる…といったショッキングな場面も経験しました。「人の死」をどう受け止めるのかは，人によってさまざまですが，大きな精神的ダメージを受ける方もいるでしょう。

また，依頼者の希望・感情と残された親族・知人との感情の狭間で，受任者が板挟みになるというストレスも考えられます。例えば，依頼者が「死に顔を見られたくないので，葬儀には誰も呼ばないでほしい」とか，「自分は無宗教だし葬儀にお金をかける必要もないので，火葬のみでよい（直葬でよい）」と希望した場合，一方で残された親族・知人は「最後に顔を見てお別れをしたい」と希望することがあります。受任者としては，依頼を忠実に履行すべき立場にありますが，残された親族・知人の希望も理解でき，「どういった選択が正しいのか」と大きな葛藤を抱えることになります。

　ここで，筆者がお看取りをしたBさん（50代・男性）のケースをご紹介したいと思います。Bさんには，80代のお父様がご健在でしたが，「自身の死後，できるだけ父に負担をかけないようにしたい」というご希望から死後事務委任契約のご依頼をいただきました。Bさんの死後，お父様と筆者のみで葬儀を執り行いましたが，その後，退職手続の打ち合わせでBさんの勤務先を訪れた際，元部下の方から涙ながらに「どこかでBさんとお別れをする機会を設けてもらえないか」という相談をされました。

　その要望を無下にするわけにもいかず，お父様と相談をした結果，寺院で行う納骨法要への出席を承諾することとなりました。筆者としては同じ部署の方数名程度の参列を見込んでいたところ，納骨法要の前日，元部下の方から「参列希望者が50名程度になる」という連絡を受けました。想定を超える人数になってしまったのはBさんが勤務先で要職に就いていたことが要因でしたが，今さら「参列者を絞ってほしい」という要望を出すこともできず，そのまま受け入れざるを得ませんでした。納骨法要当日はお父様に喪主として挨拶をお願いすることになり，多数の参列者への対応を含めて当初想定していなかったご負担をかける結果となってしまいました。このケースでは，元同僚の方々の感情を理解し受け止めつつも，お父様（ご遺族）の心のケアを優先すべきであり，筆者の判断ミスであったと受け止めています。

　また，Ｃさん（70代，男性）のケースもご紹介したいと思います。Ｃさんは独身ですが，長年お付合いをされている女性Ｄさん（事情があり結婚していない）がいました。Ｃさんは末期がんの診断を受けていましたが，回復を願うＤさんの姿を見て，自身の正確な病状を伝えることをためらっていました（筆者もＣさんから口止めをされていた）。Ｃさんの病気の進行は早く，筆者と最初の面談をしてから，わずか１ヵ月後にお亡くなりになりました。

　Ｃさんからは「Ｄさんと親友Ｅさん，筆者の３名立会いのもと火葬のみの葬儀を行ったのち，東京湾（Ｄさんとデートをした想い出の場所）で海洋散骨をしてほしい」というご依頼をいただいていました。ＤさんはＣさんの死を受けて悲嘆にくれていましたが，お別れの時間を充分に持てないことや参列者が少ない葬儀の形態に不満を持たれたようで，葬儀当日，火葬の待ち時間に「本当にこれは故人が望んだことなのか。本人が病気で判断能力を欠いているのをいいことに，案件欲しさに強引に契約をしたのではないか」「遺骨はＣさんの実家の墓に納骨すべきではないのか。遺骨は絶対に渡せない」などと強烈な言葉を浴びせられました。

　まさに修羅場となりましたが，その場にいた葬儀社や散骨事業者のスタッフの執り成しもあり，散骨式に先立ち，死亡通知の送付先としてＣさんにリストアップしていただいていたご友人をお呼びして，お別れの会を催すことをご提案し，なんとか了承をいただくことができました。お別れ会当日は多くのご友人にお集まりいただき，また，Ｄさんを「喪主」として立てることで，Ｄさんの気持ちを和らげることができました。散骨式にはＤさんもご参加いただき，最後はＣさんの希望どおりに葬送を行うことができました。このケースではやはり，近しい関係の方がいる場合における事前調整の重要性や，グリーフケアを考慮した葬送のプランニングが必要であったと考えられます。

　依頼に忠実・誠実であることと，残された関係者の感情に寄り添うことは

時として相反して成立しないこともありますが，そういった場面にどう対応するのか，人の感情に対してどう対応していくのか，単純な事務手続とは別次元のスキルが必要になってくるでしょう。

●対応策

　終末期の寄り添いは，医療的な知識・技術が求められる分野であり，必ずしも法律家の得意分野ではありません。ですから，医療・介護分野の資格者との連携・チーム組成は重要な対策です。依頼者への直接的な支援，受任者へのアドバイスなど，専門家によるサポートが大きな助けになるでしょう。診察への同行やケアプラン作成に向けた打合せなど，医師やソーシャルワーカー，ケアマネジャーなどと面識を持ち，信頼関係を築いておくことが重要になります。

　また，普段の相続業務の依頼者（相続人）から，被相続人の最期の日々や看取りの体験談を聞き取るといったことも有効かと思います。それぞれの家族の体験を聞かせてもらうこと（良かったと思うこと，後悔していることなど）が，自身が看取りをする際のヒントになるのではないでしょうか。最近では，終活サロンなどで，家族を看取った経験者が集い，悲しみやそれを乗り越えていく過程を分かち合う，といった催しも開かれています。そういったところに出向いて，経験者の話を聞くことも重要かと思います。

　死そのものの受け止め・抱く感情については，人それぞれの価値観，依頼者との関係性によって大きく異なってくるものでしょう。筆者が過去にお看取りをした方のほとんどは，依頼時点で末期がんを患っている方でしたが，亡くなられたことに対して悲しいという感情を抱いたり，涙を流したりといったことはなく，むしろ「苦しい闘病生活を終えて，命を全うされたこと」への尊敬の念，心の中で敬礼するような感情が湧いてきました。そして，「こ

れからは託された想いを全うしなければ」と自然にスイッチが切り替わったのを覚えています。あくまでも筆者なりの経験ですので参考になるかどうかわかりませんが，**使命感**というものが，依頼者の死を受け止め，乗り越えていく原動力になるのではないかと思います。

　ただし，人それぞれ死に対する受け止め方が異なるゆえ，法人等，組織で事業運営をしている場合は，「自分は葬儀社のような仕事をしたいわけではない…」と死に直接触れる業務に拒否感を抱くスタッフも出てくるでしょう。その場合は，社内研修により業務を取り扱う意義を共有する，対人対応が得意なスタッフ，手続業務が得意なスタッフなど，特性に応じた人員配置を行う，といった対応策が考えられます。

　親族・知人等の関係者とのトラブル・クレーム対策としては，依頼時点で，依頼動機，周囲との人間関係などの背景を詳しく聞き取っておくとともに，親族との関係が悪くないのであれば，事前に契約の内容や契約を検討していることを知らせておくのが望ましいでしょう。葬儀や遺骨の取扱いなど葬送に関する部分については，関係者の心情にも一定の配慮をしつつ，慎重にプランニングすることが重要になります。そのうえで，葬送に関する事項はできるだけ詳細に契約書に記載し，委任事務の正当性を確保する（受任者は依頼者の指示に従っただけという形を作る）といったことが考えられます。

　なお，受任者がどんなに配慮して手続きを行っても，残された関係者からは肉親・知人を亡くしたショックや「なぜ自分を頼ってくれなかったのか（何もしてあげられなかった）」という後悔の念など，ぶつけどころのない感情のはけ口として，心無い言葉を浴びせられることもあります。そんなとき，こちらも感情的に応戦してしまっては収拾がつきませんので，相手方の感情を受け止めることも受任者の役割として心得，冷静に対応することが求められます。

遺留分侵害額請求のリスク

　死後事務委任契約では，「親族との不仲や疎遠」が依頼動機となる依頼者がかなりの割合で存在します。このような依頼者は，「不仲の親族には1円もやりたくない」と遺留分を侵害する内容の遺言を希望する場合が多いので要注意です。

　遺留分を有するのは，兄弟姉妹・甥姪以外の相続人ですので，具体的には「配偶者と長らく別居状態にある」「離婚した元妻との間に子がいるが長年交流がない」「昔，親と喧嘩して以来交流を断っている」というような状況が当てはまるかと思います。

　相続人の立場からしても「別居の原因は配偶者の不倫にある」「父からは過去，きちんと養育費の支払いを受けていない」「お金をかけて大学まで出してやったのに親の顔に泥を塗った」など，依頼者に対する恨みや憎しみといった感情を抱いていることもあり，遺留分侵害額請求に踏み切る可能性が高いといえます。

　遺留分侵害額請求，遺留分侵害額請求訴訟などがなされた場合の実務上の問題点は，**請求の当事者は遺留分権利者と受遺者又は受贈者となり，遺言執行者が当事者適格を有しない**という点です。

　遺言執行者の権利義務はあくまでも遺言内容の実現（民法1012条1項[1]）であり，遺留分権利者に対して接触できるのも遺言内容の開示や財産目録の交付といった報告に留まります。任務上，遺留分額の算定・調整のために遺留分権利者と接触することができないため，直接的に受遺者をサポートするこ

1　民法1012条1項（遺言執行者の権利義務）
　　遺言執行者は，遺言の内容を実現するため，相続財産の管理その他遺言の執行に必要な一切の行為をする権利義務を有する。

とができません。慈善団体や自治体等への遺贈による寄付を希望する場合に，当該団体や自治体が請求の相手方にされてしまっては，せっかくの善意が有難迷惑ということになり，トラブルに巻き込まれるくらいなら，遺贈を放棄するという結果に繋がることも考えられます。

【遺留分制度の改正】

　これまでの遺留分制度（2019年6月30日以前）では，遺留分権利者は遺留分減殺請求権の行使によって遺贈等を失効させることができ，物権的に目的物が帰属する（遺留分権利者と受遺者・受贈者との共有関係が生じる）とされており，受遺者・受贈者は，目的の価格を弁償して現物の返還を免れる（現物返還が原則で価格弁償は例外）としていましたが（旧民法1041条[2]），改正法（2019年7月1日以降）では端的に遺留分侵害額相当の金銭債権を行使することができる（民法1046条[3]）と改められ，被相続人の財産処分の自由を図り，受遺者・受贈者を「目的物の共有関係」という不安定な状況から解放するという点で一定の評価ができるのではないかと思います。

【遺留分の消滅事由】

　遺留分の消滅事由は①手続きによるものと②時効（民法1048条[4]）による

2　旧民法1041条1項（遺留分権利者に対する価額による弁償）
　　受贈者及び受遺者は，減殺を受けるべき限度において，贈与又は遺贈の目的の価額を遺留分権利者に弁償して返還の義務を免れることができる。
3　民法1046条1項（遺留分侵害額の請求）
　　遺留分権利者及びその承継人は，受遺者（特定財産承継遺言により財産を承継し又は相続分の指定を受けた相続人を含む。以下この章において同じ。）又は受贈者に対し，遺留分侵害額に相当する金銭の支払を請求することができる。
4　民法1048条（遺留分侵害額請求権の期間の制限）
　　遺留分侵害額の請求権は，遺留分権利者が，相続の開始及び遺留分を侵害する贈与又

ものがあります。

　手続きにより遺留分を消滅させる方法は「遺留分放棄の許可」「生前の廃除」「遺言による廃除」の３つがあります。

　遺留分放棄の許可(民法1049条１項)[5]は，相続開始前（被相続人の生存中）に，推定相続人自身が家庭裁判所に申し立てたうえで許可を得るというもので，推定相続人の協力が必要であるという点においても，家庭裁判所の許可基準（遺留分を放棄するに足る見返り＝相応の生前贈与があるかなど）においても現実的な選択肢とはいえません。

　廃除には，生前の廃除（民法892条[6]，家事事件手続法39条[7]，188条１項[8]，別表

は遺贈があったことを知った時から１年間行使しないときは，時効によって消滅する。相続開始の時から10年を経過したときも，同様とする。

5　民法1049条１項（遺留分の放棄）

　相続の開始前における遺留分の放棄は，家庭裁判所の許可を受けたときに限り，その効力を生ずる。

6　民法892条（推定相続人の廃除）

　遺留分を有する推定相続人（相続が開始した場合に相続人となるべき者をいう。以下同じ。）が，被相続人に対して虐待をし，若しくはこれに重大な侮辱を加えたとき，又は推定相続人にその他の著しい非行があったときは，被相続人は，その推定相続人の廃除を家庭裁判所に請求することができる。

7　家事事件手続法39条（審判事項）

　家庭裁判所は，この編に定めるところにより，別表第一及び別表第二に掲げる事項並びに同編に定める事項について，審判をする。

8　家事事件手続法188条１項（推定相続人の廃除の審判事件及び推定相続人の廃除の取消しの審判事件）

　推定相続人の廃除の審判事件及び推定相続人の廃除の審判の取消しの審判事件は，被相続人の住所地を管轄する家庭裁判所の管轄に属する。ただし，これらの審判事件が被相続人の死亡後に申し立てられた場合にあっては，相続が開始した地を管轄する家庭裁判所の管轄に属する。

第 1 の86項），遺言による廃除（民法893条）[9]があり，被相続人（本人）若し
くは遺言執行者が家庭裁判所に申し立て，審判を経ることにより遺留分を
有する推定相続人の相続権を消滅させるものですが，①被相続人に対する
虐待若しくは重大な侮辱，②著しい非行という要件があるほか，原則，廃
除を求められた推定相続人の陳述を聴く（家事事件手続法188条 3 項）[10]とい
う手続きになっており，ただ，「相手のことが気に入らない」という程度
では認められません。申立てをすること自体が寝た子を起こす（相手方へ
の宣戦布告）ということにもなり，選択肢として提案することはいささか
困難です。また，特殊なケースではありますが，廃除された推定相続人の
子は，代襲相続人として相続権を有する（民法887条 2 項[11]）ことにも注意
が必要です。

　遺留分の消滅時効は，遺留分権利者が相続の**開始及び遺留分を侵害する**

9　民法893条（遺言による推定相続人の廃除）
　　被相続人が遺言で推定相続人を廃除する意思を表示したときは，遺言執行者は，その
　遺言が効力を生じた後，遅滞なく，その推定相続人の廃除を家庭裁判所に請求しなけれ
　ばならない。この場合において，その推定相続人の廃除は，被相続人の死亡の時にさか
　のぼってその効力を生ずる。
10　家事事件手続法188条3項（推定相続人の廃除の審判事件及び推定相続人の廃除の取
　　消しの審判事件）
　　家庭裁判所は，推定相続人の廃除の審判事件においては，申立てが不適法であるとき
　又は申立てに理由がないことが明らかなときを除き，廃除を求められた推定相続人の陳
　述を聴かなければならない。この場合における陳述の聴取は，審問の期日においてしな
　ければならない。
11　民法887条 2 項（子及びその代襲者等の相続権）
　　被相続人の子が，相続の開始以前に死亡したとき，又は第891条の規定に該当し，若
　しくは廃除によって，その相続権を失ったときは，その者の子がこれを代襲して相続人
　となる。ただし，被相続人の直系卑属でない者は，この限りでない。

贈与又は遺贈があったことを知った時から1年間行使しないとき又は相続開始の時から10年経過したとき（民法1048条）となっています。「1年」の起算点は具体的にいえば，遺留分権利者が被相続人の死亡を知り，かつ，遺言の内容や相続財産の全容を知った時となり，遺言執行者からの通知により，権利を行使するか否かの判断をなし得る状況にならなければ消滅時効は進行しません。「相続人に遺言の存在や死亡の事実を通知しなければ，遺留分侵害額請求をされない」と考える方もいるかもしれませんが，2019年7月1日に施行された改正民法において，「遺言執行者はその任務を開始したときは，遅滞なく，遺言の内容を相続人に通知しなければならない。」（民法1007条2項）という規定が新設され，相続財産目録の作成・交付義務（民法1011条1項）[12]も含め，任務懈怠があった場合は，遺言執行者の解任を請求されるおそれ（民法1019条1項）[13]がありますし，専門家の立場としても，懲戒請求をされるおそれがありますから，職業倫理という点でも犯してはならないリスクです。

●対応策

遺留分を生前に消滅させることは極めて難しく，権利を行使するか否かも相続発生後の遺留分権利者の判断に委ねられるため，事前に遺留分侵害額請求のリスクを完全に消し去ることはできません。まずは依頼者に対し，遺留分制度の仕組みや，意地を通せば受遺者を紛争に巻き込むおそれがあること

12　民法1011条1項（相続財産の目録の作成）
　　遺言執行者は，遅滞なく，相続財産の目録を作成して，相続人に交付しなければならない。
13　民法1019条1項（遺言執行者の解任及び辞任）
　　遺言執行者がその任務を怠ったときその他正当な事由があるときは，利害関係人は，その解任を家庭裁判所に請求することができる。

などをしっかりと説明し，遺留分権利者に配慮した遺言にできないかどうか，検討を求めます。

　それでも遺留分を侵害する遺言を希望する場合は，①万が一，遺留分侵害額請求をされても受遺者が対応可能か，②遺贈の放棄をされて遺言が無効になるのを防ぐことができるか，というところがカギになります。遺贈が放棄され，その効力を失った場合，受遺者が受けるべきであった財産は原則として相続人に帰属する（民法995条[14]）ことになり，「絶対に遺産を渡したくない」という意思と真逆の結果を生むことになります。また，受遺者が一度遺贈の承認をした場合は原則として撤回することができない（民法989条[15]）ため，受遺者に対して十分なアナウンスがなかった場合，「遺留分のリスクがあるのであれば，最初から遺贈を受けることはしなかった！」というクレームが発生することも予想されます。

14　民法995条（遺贈の無効又は失効の場合の財産の帰属）

　　遺贈が，その効力を生じないとき，又は放棄によってその効力を失ったときは，受遺者が受けるべきであったものは，相続人に帰属する。ただし，遺言者がその遺言に別段の意思を表示したときは，その意思に従う。

15　民法989条（遺贈の承認及び放棄の撤回及び取消し）

　1　遺贈の承認及び放棄は，撤回することができない。

　2　第919条第2項及び第3項の規定は，遺贈の承認及び放棄について準用する。

（参考）

民法919条（相続の承認及び放棄の撤回及び取消し）

　1　相続の承認及び放棄は，第915条第1項の期間内でも，撤回することができない。

　2　前項の規定は，第1編（総則）及び前編（親族）の規定により相続の承認又は放棄の取消しをすることを妨げない[※]。

　3　前項の取消権は，追認をすることができる時から六箇月間行使しないときは，時効によって消滅する。相続の承認又は放棄の時から10年を経過したときも，同様とする。

　　（以下略）

※　遺贈の承認・放棄をした者が意思能力を完全に喪失している場合，未成年者や成年被後見人であった場合，詐欺・強迫による承認・放棄があった場合など。

受遺者（候補）に対しては，遺言作成前の段階で，遺贈の希望があること及び遺留分侵害額請求のリスクがあることを説明し，それでも遺贈を受けてくれるかどうか，承諾を得ておくことが必須です。特に，弁護士と顧問契約しているNPO等の法人や，長年の活動実績があり，遺贈による寄付を積極的に受けている団体であればトラブル対応の体制や実績も期待できるでしょう。一方，個人の受遺者の場合は，遺言執行者（受任者）が直接的な支援をすることができませんので，提携する弁護士を紹介するなどしてトラブル解決の道筋を作るといった間接的な支援に限定されてしまいます。依頼者の希望の程度にもよりますが，個人を受遺者に設定するのはできるだけ避けるのが賢明です。

　また，遺留分侵害額請求の当事者を増やさないこともリスク最小化の重要なポイントです。遺産を多くの個人や団体に分散させるのではなく，受遺者の数を絞るのがよいでしょう。こういった制約のなかで受遺者を選定していくとなると，依頼者の当初の希望どおりの遺言は勧められないといったケースも出てくるでしょう。その場合は「確実に，喜んで遺産を受け取ってもらうことが遺志を活かすうえで重要ではないか」ということを強調して，安全な遺言書を作成できるよう，依頼者を誘導していきます。

　最終的には，遺留分侵害額請求のリスク（相続人とのトラブルが発生し，スムーズに遺言執行・死後事務の執行ができないリスク）を受任者としてどこまで許容できるのかという問題になってきます。トラブルの危険性が高い案件は受任しないという決断も必要ですし，その判断基準を設けておくことが重要になります。

🍃 受任者が先に死亡するリスク

　言うまでもありませんが，死後事務委任契約が依頼者の希望に沿って履行

されるためには，依頼者死亡時に受任者が生存している必要があります。しかし，病気で死期が差し迫った方やよほどの高齢者でない限り，「絶対にあなたより先に死にません」という約束をすることは不可能です。

遺言については，あらかじめ指定した遺言執行者が先に死亡していても，そのこと自体で遺言が無効になることはありませんし，弁護士をはじめ多くの専門家が取り扱う業務ですから，新たな候補者を探すことも比較的容易でしょう。また，被相続人死亡時に，あらかじめ指定した遺言執行者がいないときは，利害関係人が家庭裁判所に請求することによって，新たな遺言執行者を選任してもらえるという救済措置もあります（民法1010条）[16]。

しかし，死後事務委任契約は，受任者が死亡した時点で契約そのものが失効してしまいます。契約の性質上，当事者間の信頼関係と受任者の実務能力がモノをいいますから，新たな候補者を探すことは困難ですし，候補者を見つけても，一から契約書の作成など設計をし直さなければいけません。

受任者が先に死亡するリスクは絶対に消すことができませんし，その対策がなされていない場合，「お金をかけて契約をしたのに，無駄になってしまっては困る…」と依頼者が契約をためらう要因の一つになります。

●対応策

受任者の死亡リスクに対する対策は，複数の受任者（個人・法人を含む）による共同受任，法人による受任のどちらかになります。

16　民法1010条（遺言執行者の選任）
　　遺言執行者がないとき，又はなくなったときは，家庭裁判所は，利害関係人の請求によって，これを選任することができる。

複数の案件を引き受ける見込みのないうちに，個人開業者がいきなり法人を設立することは容易ではありませんので，まずは信頼できる同業者（パートナー）と個人－個人の共同受任という形が基本的な選択になるでしょう。複数の受任者が協働して事務を分掌しながら執り行うという並列の関係もよいですし，当初受任者が欠けたときの予備的受任者として，パートナーにはバックアップに入ってもらうという関係もよいでしょう。また，葬儀社や海洋散骨事業者等と共同受任して，葬送は葬儀社等が担当し，その他の事務は士業者が担当するなど，士業以外の事業者と共同受任する形も考えられます。

　共同受任の大前提は，各受任者が実務に必要な知識・スキルを持っていること，依頼者の情報を細かく共有していることにあります。また，それぞれが依頼者と等しく信頼関係を築くことも重要になります。法人にしても，構成しているのは個人ですから，各スタッフがきちんと実務能力を持っていることが必要になります。共同受任者には依頼者との打ち合わせなど契約設計の段階から関与してもらい，実務の進め方，依頼者の個人情報などをしっかりと共有し，依頼者と信頼関係を築いていくようにしましょう。

　また，「女性の依頼者が入院や施設入所をする」といった限定的な場面の話ではありますが，「生理用品や下着などの調達を依頼したいが男性の受任者には頼みづらい」といったケースも想定されます。この場合，共同受任者又は事務所スタッフに女性がいると心強いでしょう。

　なお，たとえ共同受任という形をとっても，依頼者が比較的若く，受任者との年齢差が小さければ，リスクが大きいことには変わりありませんし，受任者が高齢になれば，体力的にも死後事務の履行負担が大きくなります。受任者側のリスク回避のために，依頼者の年齢如何によっては契約を断るといった判断も必要になるかもしれません。受任者が先に死亡してしまった場

合に受任者の相続人が被る手続負担を考慮し，原則として，預託金は受領しないといった対策も必要でしょう。

🍃 依頼者の資産状況により契約が維持できなくなるリスク

　死後事務委任契約の依頼者のなかには，末期がんなどの重篤な病気で余命いくばくもないという方もいますが，多くの依頼者は，契約時に大きな健康上の問題はないという状況でしょう。依頼者の年齢にもよりますが，受任してから実際に契約を履行する（死後事務を執行する）までに相当の期間があるのが，この契約の特徴です。これは，先に述べた受任者の死亡リスクだけでなく，依頼者と受任者双方の金銭的リスクにも繋がってきます。

　死後事務委任契約では，原則として，依頼者の現有資産のなかから死後事務の執行費用（葬儀・納骨費用，債務の清算費用，受任者の報酬など）を準備してもらい，死亡時まで保全しておく必要があります。

　執行費用は，依頼内容によって変動がありますが，例えば葬儀費用をとってみても，直葬（火葬のみの最低限の葬儀）でも25万円程度かかりますし，必要な費用を積算していくと，100万円，200万円という単位の高額になってくることもあります。

　例えば，総資産が500万円の依頼者に対して，300万円の執行費用を用立ててください，という契約をしたとします。依頼者としては，あと200万円しか自由に使える財産がないわけですが，これでは病気など急な出費を要するときに不安がありますし，本来取り置きをしておくべき執行費用を切り崩さないと現在の生活が維持できない…という状況になると，死後事務委任契約の解除又は内容変更をせざるを得ず，契約のために費やした苦労や費用が

無駄になるだけでなく，ライフプランニングそのものが崩れてしまいます。

　資金不足（あるいは債務超過）の状態のまま死後事務が開始（依頼者が死亡）
した場合，相続人にその費用（特に報酬）を求償していくことはかなりの困
難が予想されますし，債権者平等の原則からいっても，特定の債権者に優先
的に債務を弁済したり，受任者が報酬を先取りしたりすることはできなくな
りますから，受任者の制御不能な事態に陥り，契約の有効性といった面から
も致命的な損害が発生する可能性が高まります。

●対応策
　死後事務委任契約の目的にも通ずるところですが，契約の設計にあたって
は「ライフプランニング」という視点が重要で，**依頼者の安定した生活の維
持と死後の不安に備え希望を実現する**という２つのオーダーを天秤にかけ，
バランスを取りつつ，受任者にとって最大のリスクである**資金不足**という状
況を回避する必要があります。

　リスクを確実に回避するための方程式があるわけではありませんが，依頼
者の資産状況，収支の状況を聞き取り，依頼者の年齢・生活状況を踏まえて，
契約が安定して維持できるかどうかを見極めていくことが重要です。
　この際，収支状況が安定しており，持病があるならあるなりに健康状態が
安定している高齢者のほうが将来予測も立てやすいでしょう。逆に40,50代
の働き盛り世代については，資産・収支状況，生活状況が大きく変化してい
きますから，将来予測が立てにくく，依頼者のライフステージによって，契
約内容の見直しをしていくことも迫られるでしょう。
　資金不足のリスクがあり，包括的な死後事務委任契約が締結できない場合
の次善策として，少額短期保険を活用して執行費用を賄う方法が考えられま

す。少額短期保険は貯蓄性のない定期保険であるため，生活保護受給者でも加入できる場合があり，死亡保険金は相続財産にあたらないため，相続債務の存在を気にすることなく死後事務を執行することができるというメリットがあります。ただし，設定できる保険金額が100万円以下というケースがほとんどですので，「直葬＋納骨又は散骨」という最低限度の葬送に限定した設計しかできないでしょう（保険契約の活用方法についてはこの章内で後述）。

　目先の案件欲しさに無理な設計をすれば，依頼者の生活破綻に繋がるだけでなく，受任者にとっても致命的な損害が発生する可能性が高まります。業務として受任する以上，ボランティア活動ではありませんので，頼りにして相談に来られた方に対して心苦しい決断ではありますが，資産状況に難がある場合には，お断りする勇気，あるいは，現実的に割り切った選択のご提案が必要です。

🌿 契約の内容をスムーズに受け入れてもらえないリスク

　死後事務を執行する際，受任者は，依頼者の親族・知人，行政機関の窓口，お寺の住職等の宗教者，不動産オーナー等私法上の契約の相手方など，さまざまな相手と連絡・調整を行いつつ，その実現を図っていきます。
　契約そのものは，依頼者（委任者）と受任者のみが当事者となりますが，死後事務をどうやって執行していくかという実務面を細かく切り取っていくと，受任者単独の意思，行為で何かを為せるというものではなく，さまざまな相手方の協力・受入れを欠かすことができないということがわかります。

　しかし，死後事務委任契約の認知度が徐々に広がってきているとはいえ，実務として取り扱われる場面は圧倒的に少なく，相手方もそれに対応する経

61

験，マニュアルを持っていない場合がほとんどです。

　例えば親族・知人については，突如面識のない専門家が現れ，不意討ちのように死を知らされる驚きや戸惑い，依頼者のために力になれなかったという嘆きや悲しみ，生前の依頼者に対して抱いていた恨みや憎しみのほか，「家（ウチ）」のことに，赤の他人である受任者が関与することへの反発など，複雑な感情が沸き起こるでしょう。

　また，宗教者については，葬送という宗教的な性質を持つデリケートな事務を，遺族の意思を介さずに行うことに戸惑いを感じるでしょう。

　そのほかの契約や手続きの相手方も，相続人が当事者となる原則の外にあるこの契約を「本当に有効なものとして受け入れてよいのだろうか」と戸惑いを感じることになります。

　相手方が契約をスムーズに受け入れられなければ，円滑な死後事務の実現もできません。ですから，契約の設計段階から，契約書の書面上には現れない**相手方**が当事者として隠れていることを意識しておく必要があります。

●対応策

　対策として基本となるのが，契約書を公正証書にするということです。公正証書には，（死亡した）依頼者本人の意思が反映されていることが証明される，公証人の関与により適法な契約であるという信頼が得られる，といったメリットがあります。

　単に，契約の当事者が依頼者（委任者）と受任者だけという解釈であれば，私署証書による契約でも構いませんが，死後事務の過程で**手続きの相手方に契約書を見せる**という場面があるため，公正証書にすることは依頼者の希望を確実に実現するため，受任者がトラブルに見舞われる確率を最小化するために，必須の対策となります。

　強いてデメリットを挙げれば公正証書の作成費用ですが，これは上記の目的のため必要な経費であるとして，依頼者に理解を求めましょう。

　また，親族との関係が悪いなど障りがある場合を除き，契約をしていること，検討していることは，親族や周囲の知人に知らせておくことが望ましいですし，葬儀で読経などの宗教儀礼を行いたい，寺院や霊園に納骨したいという希望がある場合には，契約の設計段階で宗教者や霊園の関係者と，依頼者を交えた協議を行うことも重要です。要は，依頼者が亡くなって受任者が急に現れるのではなく，前もって依頼者本人が根回しをしておくことが重要ということです。相手方が抱くであろう戸惑いや心の壁を取り除くため，できるだけの対策はとっておくべきです。

🌿 執行費用の管理方法の選択

「依頼者の死亡時に執行費用が確実に保全されているかどうか」は死後事務委任契約を受任するうえで欠くことのできない条件です。ですから，依頼者が死亡するまでの長期間，執行費用をどのように維持・管理していくのかは，契約の設計にあたって重要なテーマとなります。執行費用の管理方法は以下の5種類が考えられますが，それぞれのメリット・デメリットを慎重に見極める必要があります。

●受任者への預託：預託金方式

まず考えられるのが，契約時に執行費用を受任者に預託しておく「預託金方式」です。死後事務委任契約に関するさまざまな情報のなかでも，一般的な方法として紹介されています。

依頼者の財産は，依頼者死亡時に相続財産となり，権限なく処分することができなくなります。また，銀行に預金口座を凍結されると必要な資金の払戻しもできなくなります。この点，あらかじめ受任者に執行費用を預けておけば，依頼者の死亡直後に必要な葬儀代，入院費の清算などの事務をすぐに行うことができ，資金不足で死後事務を執行できないという受任者にとって最大のリスクを回避することができます。

一方で依頼者にとっては，受任者の経営破綻，預託金の横領，中途解約時の返金トラブルが大きなリスクとなります。2016年，高齢者の身元保証・死後事務委任契約の引受けをしていた公益財団法人・日本ライフ協会が契約者からの預託金2億7,400万円を流用していたとして大きなニュースになりましたが，被害に遭った契約者はまさに人生を狂わされる結果となってしまいました。

死後事務委任契約や身元保証を含む高齢者サポート事業には司法書士，行

政書士などの専門家のほか，株式会社，一般社団法人，NPO法人，宗教法人などさまざまな形態の事業者が参入していますが，これらの事業について指導監督を行う行政機関は明確ではなく，事業を規制する法令もなく，統括する業界団体も存在しません。依頼者の立場からは，受任者が信頼をおける事業者なのか，経営状態に問題がないかといった情報を正確に知ることは難しく，「お金を預けると返ってこないのでは……」という警戒心から契約をためらうことになります。

　また，万が一，受任者が先に死亡してしまった場合は，受任者の相続人が預託金の返還債務を負うことになり，相続人へ多大な負担をかけるだけでなく，返還手続をスムーズに行えず，依頼者の不利益となってしまうという問題も考えられます。

　何よりも，多額の預託金が手元にあることによる誘惑が最も恐ろしいことです。リスクや誘惑が大きく，依頼者からの信頼を得にくいという点を考慮し，筆者自身は原則として採用していないシステムです。読者諸兄においても，導入は慎重に判断していただきたいと思います。

●信託会社への信託：信託方式

　依頼者としては，「横領・経営破綻・中途解約時トラブルを避けたい」というニーズがあり，受任者としては，「資金不足を避けたい」というニーズがあります。両者のニーズを解決する方法として考えられるのが，信託会社に執行費用を信託する「信託方式」です。

　信託会社は信託業法に基づき，内閣総理大臣の免許又は登録により信託業務を営むことができる会社法人で，2022年6月30日現在，31社が免許又は登録を受けています。設立にあたっては，資本金規制（1億円　※管理型信託業の場合は5,000万円），営業保証金の供託義務（2,500万円　※管理型信託業の場合は1,000万円）があり，設立後も内閣総理大臣への事業年度ごとの事業報告やディスクロージャー（業務及び財産の状況に関する説明資料の作成及び公開）の義務が課せられるなど，執行費用を安全に管理できる金融機関としての信頼性を備えています[17]。また，信託財産を自己の財産と分別して管理する義務（信託業法28条3項[18]，信託法34条1項[19]）も課せられており，万が一，信託会社が経営破綻した場合でも，信託財産は保全される仕組みとなっています。

17　信託会社の登録基準（金融庁ホームページ）：https://www.fsa.go.jp/policy/shintaku/index.html
18　信託業法28条3項（信託会社の忠実義務等）
　　信託会社は，内閣府令で定めるところにより，信託法第34条の規定に基づき信託財産に属する財産と固有財産及び他の信託の信託財産に属する財産とを分別して管理するための体制その他信託財産に損害を生じさせ，又は信託業の信用を失墜させることのない体制を整備しなければならない。
19　信託法34条1項（分別管理義務）
　　受託者は，信託財産に属する財産と固有財産及び他の信託の信託財産に属する財産とを，次の各号に掲げる財産の区分に応じ，当該各号に定める方法により，分別して管理しなければならない。ただし，分別して管理する方法について，信託行為に別段の定めがあるときは，その定めるところによる。（以下略）

　信託銀行が提供する信託商品は，信託財産の下限が数千万円からというものが多く，信託報酬も高額のため，執行費用の管理には使いづらい面がありますが，信託会社では信託銀行にはないタイプの信託商品を多く提供しており，死後事務委任契約の執行費用を管理・保全する目的で，信託財産を数百万円から設定できる商品を提供している会社もあります。この項では某信託会社の信託商品を例に，信託で執行費用を管理・保全する方法を紹介します。

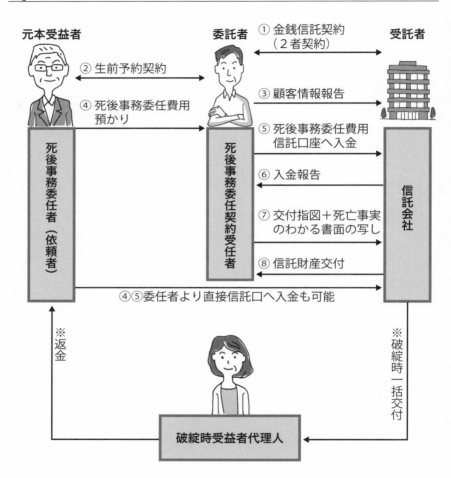

元本受益者　　　　　　　委託者　　① 金銭信託契約　　受託者
　　　　　　　　　　　　　　　　　（２者契約）

② 生前予約契約

③ 顧客情報報告

④ 死後事務委任費用
　　預かり

⑤ 死後事務委任費用
　　信託口座へ入金

死後事務委任者（依頼者）

⑥ 入金報告

死後事務委任契約受任者

⑦ 交付指図＋死亡事実
　　のわかる書面の写し

⑧ 信託財産交付

信託会社

④⑤委任者より直接信託口へ入金も可能

※返金

※破綻時一括交付

破綻時受益者代理人

①　死後事務委任契約受任者を「委託者」，信託会社を「受託者」とする金銭信託契約を締結。
　　※　一つの契約で，複数の委任者の執行費用を信託することが可能。
②　委任者（依頼者）と受任者の間で，死後事務委任契約を締結し，執行費用について合意する。
③④⑤⑥　契約内容を受託者に事前に連絡，その後，受任者が委任者より執行費用を預かり，受任者から受託者開設口座（信託口）へ入金。
　　※　委任者より直接（信託口）へ入金することも可能。受託者は，入金確認ができたら，受任者へ入金報告。※委任者へ入金連絡することも可能。
⑦　受任者は，委任者の死亡後，死亡の事実のわかる書面の写しを受託者に提出し交付指図を行う。
⑧　受託者は，指図書及び死亡の事実のわかる書面の写しの内容が確認でき次第，執行費用を，受任者の指定口座に交付。※交付指図から２－３営業日程度。
　　※　万が一，受任者が破綻した場合には，受益者代理人を通して，委任者（元本受益者）に執行費用を返金。

信託方式は，執行費用を安全・確実に保全できる仕組みとして，依頼者，受任者双方にメリットがあり，執行費用は信託財産として相続財産から分離されるため，依頼者の死亡後，相続手続を経ずにスムーズに受領できるというメリットもあります。

　唯一のデメリットは，信託会社に支払う信託報酬でしょう。依頼者が信託会社に支払う報酬は契約時限り，数万円程度ですが，受任者－信託会社間の金銭信託契約締結時，受任者から信託会社に支払う報酬は数百万円程度かかる場合があります。法人を設立して多くの依頼を受ける見込みがあるのなら別ですが，個人開業の受任者が「まず，最初の一件を受任しよう」という段階での導入は難しいかもしれません。

●死亡保険金による決済①：保険金方式（受取人変更）

「預託金方式」「信託方式」はいずれも，依頼者が契約時に一括で執行費用を支払うもので，資産状況に余裕がない依頼者にとっては，その経済負担が大きな障害となります。この問題を解決できる可能性があるのが，依頼者死亡時に保険会社が支払う死亡保険金を執行費用に充てる「保険金方式」です。

　依頼者は保険会社に月々の保険料を支払っていれば，死亡時に保険契約で定められた額の死亡保険金が支払われるため，死後事務委任契約の締結時に多額の現金を支払う必要がないのが最大のメリットです（※保険料を全額払込み済であれば，負担はゼロ）。また，保険会社は保険業法に基づき，内閣総理大臣の免許を得て営業しており，経営の安定性，管理の安全性（保険料を通じて執行費用を預託しているものとみなす）という点で，信託会社に似たメリットがあります。

　しかし，保険金方式の導入にあたっては，いくつかの問題を考慮しなければいけません。この項では保険契約の仕組みを解説しつつ，その導入方法を探っていきます。

○保険契約の基本的な仕組みと活用方法

保険契約では，次の3者が当事者として登場します。

契約者	保険会社と保険契約を結ぶ人。保険契約に関わるさまざまな権利（契約内容変更などの請求権）と義務（保険料の支払義務）を持つ。
被保険者	生死・病気・ケガなどが保険の対象となっている人。生命保険では，被保険者が死亡した場合受取人に死亡保険金が支払われる。
受取人	保険金・給付金・年金などを受け取る人。生命保険では死亡保険金を受け取る。

通常，各保険会社は不正防止のため，死亡保険金の受取人を2親等以内の親族（戸籍上の配偶者，子，孫，両親，祖父母，兄弟姉妹）までに制限しています。このため，親族ではない受任者を，保険契約上の受取人に指定することは原則としてできません（※保険会社によって3親等以内の親族＝おじおば，甥姪を指定できるケースのほか，内縁者や同性パートナーを指定できる場合もある）。

しかし，保険法44条1項において「（生命保険の）保険金受取人の変更は，遺言によっても，することができる。」とされており，遺言を活用することにより，受任者を受取人に変更することが可能になっています。もっとも，次のような制限があるので，活用には細心の注意が必要です。

○契約当事者の組み合わせ

保険金の受取人変更をする権利があるのは「契約者」ですから，依頼者が保険契約の契約者である必要があります。また，依頼者死亡時に保険金が支払われる必要があるので，依頼者が「被保険者」である必要があります。

○活用できる保険契約の種類

依頼者が，いつ，どのような原因で亡くなるかを正確に予測することは

できません。ですから，生命保険の活用を検討する際は，「依頼者がいつ
亡くなっても保険金が支払われること」「死因に関わらず保険金が支払わ
れること」が絶対条件となります。

　まず，前者については「保険期間」を検討します。保険期間とは，保険
会社が保険の保証をしてくれる期間のことで，この期間内に保険事故（被
保険者の死亡）が発生すると，死亡保険金が支払われます。生命保険は，
保険期間の違いによって，次の3種類に分類することができます。

定期保険

　保険期間が「50歳まで」「60歳まで」など，一定期間内のみ有効になっ
ている保険で，保険期間満了後の保険事故については保障されません。保
険料は基本的に掛け捨てで，その分，割安な保険料で手厚い保障を得るこ
とができるのが特徴です。満期ごとに契約を更新することもできますが，
年齢が高くなるにつれ保険料が高くなったり，契約が更新できる年齢に上
限が設けられたりしているのが一般的です。

終身保険

　保険期間が一生涯続く保険で，何歳で亡くなっても保険金が支払われま
す。保険料は貯蓄性があるので，保障が必要でなくなったとき（保険契約
を解約するとき）に解約返戻金として受け取ることも可能です。一定期間，
貯蓄性を抑える代わりに保険料を抑える低解約返戻金型というタイプもあ
ります。

養老保険

　「保障」と「貯蓄」がセットになった保険で，保険期間中に死亡した場
合は死亡保険金が支払われ，保険期間満了時には死亡保険金と同額の満期
保険金が支払われます。貯蓄性がある分，保険期間，保険金額が同じ定期
保険と比べると，保険料が割高になります。

定期保険は，家計の負担を抑えつつ保障を得たいという場合に最適ですが，「契約が更新できなくなった後の期間」は預貯金等，代替の原資がなければ執行費用を確保できず，契約を維持できなくなるおそれがあります。また，死亡保障のみに着目した場合，養老保険では保険料が割高になってしまいます。「いつかわからないものの必ず発生する費用を確保しておきたい」という死後事務委任契約の目的に最も沿うものは終身保険といえます。

なお，新規に保険契約をする場合は，「責任開始日」や「告知」についても検討します。「責任開始日」とは保険期間の始期のことで，この日以降の保険事故に対して保障がされることになります。特に，後述する少額短期保険については，契約の申込みから責任開始日まで数カ月程度の期間を設けていることがあり，この期間内の死亡については保障がされない点に注意が必要です。「告知」とは，保険契約の公平性を保つため，保険契約加入時，保険会社に対して，健康状態や病歴，身体障害の有無，職業などを報告することで，保険会社は，その告知をもとに保険契約を引き受けるかどうか（契約引受けのリスク）を判断します。持病や障害がある人は希望の保険契約に加入できない場合がある点も注意が必要です（告知項目を限定し，引受基準を緩和した「無選択型」の保険契約もあるが，一般的な保険契約に比べて，保険料が高くなる）。

「死因に関わらず保険金が支払われること」については，「保険金の支払事由」「免責事由」について検討が必要です。医療保険や傷害保険などの保険契約に死亡保障が附帯している契約もありますが，「特定の疾病で死亡した場合のみ所定の保険金を支払う」「突発性のある事故が原因で死亡した場合のみ所定の保険金を支払う」など，支払事由に制限があるのが通

常ですから，これらの保険契約は選択肢から除外しなければいけません。「免責事由」とは，保険会社が保険金の支払責任を免れるケースとして約款や保険法で定めているもので，告知義務違反によるもの（告知で偽った健康状態と死因に因果関係がある場合）や被保険者の自殺など（保険法51条[20]）が挙げられます。依頼者が既にしている保険契約の活用を検討する場合は，保険証券や約款記載の条件を詳しく確認しましょう。

○受取人変更が可能な契約かどうかの確認

　保険に類似した制度として，全国労働者共済生活協同組合連合会（こくみん共済COOP，旧称：全労済）が扱う「こくみん共済」，JA（農協）の扱う「JA共済」，日本コープ共済生活協同組合連合会の扱う「コープ（CO・OP）共済」，各都道府県民共済グループの扱う「都民共済」「県民共済」などの「共済制度」があります。共済は「加入する組合員の相互扶助のための非営利事業」として運営されており，営利を目的に運営される保険会社とはその成り立ち，運営ルールが大きく異なります。

　生命保険類似の契約として，「生命共済」「死亡共済」といった名称の共済商品がありますが，約款で「受取人は加入者（契約者）が死亡した時点における続柄により，共済者の指定した順位によって決まる（例えば第1順位は加入者の配偶者，第2順位は同一世帯の子など）」としている商品が多く，

20　保険法51条（保険者の免責）
　　死亡保険契約の保険者は，次に掲げる場合には，保険給付を行う責任を負わない。ただし，第3号に掲げる場合には，被保険者を故意に死亡させた保険金受取人以外の保険金受取人に対する責任については，この限りでない。
　　一　被保険者が自殺をしたとき。
　　二　保険契約者が被保険者を故意に死亡させたとき（前号に掲げる場合を除く。）。
　　三　保険金受取人が被保険者を故意に死亡させたとき（前2号に掲げる場合を除く。）。
　　四　戦争その他の変乱によって被保険者が死亡したとき。

生前においても，遺言においても，受取人の指定や変更ができないとされている場合がほとんどです。手頃な掛け金により人気が高く，依頼者からも「加入している共済契約を使えないか」といった相談が多く寄せられるでしょうが，死後事務委任契約への活用はいささか困難です。

なお，保険法が施行されたのが2010年（平成22年）4月1日[21]ですから，それ以後に締結された保険契約については，原則として遺言による受取人変更が可能ですが，施行前に締結された保険契約については，保険法の附則で保険法44条の規定は適用されないとされていることから，各保険会社により対応が異なるところでしょう。共済と同様，依頼者が既に加入している契約を活用しようという場合は，約款の確認，保険会社（共済組合）へ問い合わせをして，遺言による受取人の変更が可能かどうかを確認しましょう。

○保険会社への対抗要件（保険金請求手続の可否）

保険法44条2項では「遺言による保険金受取人の変更は，その遺言が効力を生じた後，保険契約者の相続人がその旨を保険者に通知しなければ，これをもって保険者（保険会社）に対抗することができない。」とされており，相続人や遺言執行者が保険会社に通知する前に，保険契約上の受取人が保険金請求の手続きを行った場合，保険会社は保険契約上の受取人に保険金を支払うことになり，遺言で指定された受取人に二重に支払うことはありません。

受任者が確実に保険金を受領するためには，保険会社に請求手続を行う前に，保険契約上の受取人に，依頼者の死亡の事実及び保険契約の存在を

21　2010年4月1日以前，保険契約のルールは商法のなかに定められていました。

知られないことが必要になりますが，一方で遺言執行者を兼ねる受任者には，相続人に対して，死亡の事実，（保険契約の存在が記載された）遺言の通知義務（民法1007条２項）があります。このため，保険会社への請求手続と相続人への通知は同時に行うという工夫が必要になります。また，速やかな遺言執行のため，遺言が公正証書であるべきことは，言うまでもありません。

　ちなみに，保険法44条２項の法意は，「保険会社に対する免責」にありますが，**保険契約者の相続人がその旨を保険者に通知しなければ**というフレーズに少し棘があり，遺言で変更された受取人自身に，保険会社への請求手続を行う当事者適格があるのかという不安が起こるところではあります。

　この点，2019年７月１日に施行された改正民法では，「遺言執行者は，遺言の内容を実現するため，相続財産の管理その他遺言の執行に必要な一切の権利義務を有する。」（1012条），「遺言執行者がその権限内において遺言執行者であることを示してした行為は，相続人に対して直接にその効力を生ずる。」（1015条）として遺言執行者の権限が明確化されることとなり，受任者が遺言執行者の名において保険会社に請求手続をするのであれば，適格性の問題は払拭できるのではないかと考えられます。

　ただし，本来，保険会社にとってイレギュラーな手続きである**遺言による受取人変更**への対応には時間を要することが予想されます。実際に保険金を請求する際，スムーズに対応してもらえるのかどうか，あらかじめ問い合わせて確認しておくのがよいでしょう。

○法人は受取人になれないケースがある

　死亡保険金の受取人は遺言により変更することができる，とされていますが，あくまでも自然人を想定した規定であると考えられます。法人を受

取人に変更できるかどうかは，各保険会社に個別に問い合わせをして確認するしかないでしょう。

　死亡保険金は，受取人固有の財産という扱いになりますから，いったん法人の代表者が受領した死亡保険金を，受任者である法人に引き渡す行為は，個人から法人への贈与という扱いになってしまうでしょう。

○税法上の扱い

　契約者，被保険者が同じ保険契約の死亡保険金は，「みなし相続財産」という扱いになります。相続人の数による基礎控除額，遺産総額にもよりますが，受領した死亡保険金に相続税が課税される可能性があります。

　保険金方式は，依頼者の経済的負担を減らし，その余剰資金によって柔軟なライフプランニングが可能になるという点で魅力的な選択肢ですが，その分制約も多く，「確実に執行費用を残す」という目的を達成するためには，さまざまな条件を慎重に検討することが必要です。

●死亡保険金による決済②：少額短期保険方式

　少額短期保険は，少額短期保険事業者が取り扱う保険商品で，保険金額が「少額」（死亡保険については300万円以下），保険期間が「短期」（通常は1年以内，第二分野の保険については2年以内の定期保険）といった特徴があります。ペットの病気に備える「ペット保険」や不動産の賃貸借契約時に併せて契約する「家財保険，借家人賠償保険」，旅行予約のキャンセル料を保障する「旅行キャンセル保険」などバラエティに富んださまざまなタイプの保険商品がありますが，死亡保険については，「葬儀保険」というタイプの保険商品を多くの事業者が取り扱っており，保険金額は1口数十万円から必要に応じて柔軟に設定することができます。

葬儀保険は，遺族の生活保障ではなく，葬儀費用の出費に備えること（死後事務の費用を賄うこと）を目的とした商品であるため，遺言による受取人変更という手続きを経なくても，保険契約上，死後事務受任者をダイレクトに受取人として設定できるケースが多いことがメリットです。

　一方，事業者ごとに定める保険金額（契約口数）の上限によっては，保険単体で必要な執行費用総額を確保できないケースがあること，定期保険タイプであるため，一般的な商品性として，契約更新ができる年齢に上限があること（80歳以降も加入できる商品も多いが終身保障ではない），契約を更新していくと保険料が逓増していく，という点に注意が必要です。総契約期間が長くなると（長生きすると），支払保険料総額が保険金額を上回るといったケースも充分に起こり得ます。また，支払った保険料が生命保険料控除の対象とならないという点も注意が必要です。

●依頼者による管理：委任者管理方式

　最後に紹介するのが，依頼者自身が執行費用を管理する「委任者管理方式」です。これは，執行費用を，依頼者が死亡するまで依頼者名義の預金口座に取り置きをしておくものです。依頼者の「横領・経営破綻・中途解約時トラブルを避けたい」というニーズを満たしつつ，第三者に預託するための契約が不要なため，執行費用の管理コストがかからないというメリットがあります。

　依頼者の財産は死亡時に相続財産となり，権限なく処分することができなくなるという問題が生じます。そこで活用するのが第2章でも紹介した「清算型遺言」です。「相続財産から葬儀代等の支払い，債務の弁済を行い，残余金を指定の受遺者に引き渡す」という遺言で，受任者は依頼者の死亡後，遺言執行者として，銀行等から執行費用管理口座内の預貯金の払戻しを受け

ます。

　死亡後直ちに決済ができるわけではありませんが，公正証書遺言であれば
すぐに遺言執行が開始できますので，死亡の記載のある戸籍謄本の取り寄せ，
銀行等での相続届などを速やかに行えば，死亡から最短2週間程度（銀行等
の事務処理期間経過後）で執行費用の払戻しを受けることが可能です。

　この間，葬儀代の支払い，入院費の弁済など死亡直後に発生する費用につ
いては，葬儀社や病院に，執行費用の決済に時間がかかることを説明して理
解を得られれば，受任者による立替払いを回避することも可能です。

　委任者管理方式では，執行費用の管理口座として選択する金融機関の選択
がポイントになります。依頼者が金融機関から住宅ローン等の借入れをして
いる場合は，その債務引受者が決まったり，弁済が完了したりするまで預金
の払戻しに応じてもらえないのが原則です。団体信用生命保険(団信)により，
残債務が弁済される場合でも，保険請求の審査が完了し，銀行に保険金が支
払われるまで1カ月以上かかるのが通常ですので，その間，執行費用が受領
できないことになります。

　年金の受取用口座については，特別徴収（天引き）される住民税や社会保
険料の処理も含めて，死亡月分までの年金の入金を待ったほうが後々の事務
処理が楽になるので[22]，死亡後すぐに口座を凍結するのは得策ではありませ
ん。

　また，実店舗のないネット銀行やゆうちょ銀行は，郵送で手続書類のやり
とりをするため，手続きがスピーディーに進まないというデメリットがあり

22　公的年金は，偶数月の15日（15日が土日，祝日の場合はその直前の平日）に，支払
　　月の前2カ月分の年金が支払われる後払い制になっています（例えば，4月支給分は直
　　前の2月，3月分）。公的年金は，死亡月分まで受給権があるため，必ず死亡後に支給
　　月が発生することになります。

ます。これらの金融機関は管理口座の開設先から除外したほうがよいでしょう。

　この方式最大のリスクは「依頼者の死亡時に執行費用が確実に残っている

❇ 執行費用管理方法の比較

	メリット	デメリット
預託金方式	●必要な費用の支払をすぐに行うことができる（受） ●執行費用が不足するリスクを回避することができる（受）	●受任者の経営破綻，横領，中途解約時の返金トラブル等のリスクがある（委） ●自身の死亡時に相続人に預託金返還債務が生じる（受）
信託方式	●安全に執行費用の管理ができる（委・受） ●委任者死亡時に，速やかに執行費用を受領できる（受）	●高額な信託報酬が発生し，単発の受任時には利用しづらい（受）
保険金方式	●契約時に多額の現金を用意する必要がない（委） ●安全に執行費用の管理ができる（委・受） ●執行費用の管理コストがない（委・受）	●保険契約の条件についてさまざまな制約があるほか，年齢，病歴等により保険契約に加入できない場合がある（委） ●法人は受取人になれない場合がある（受） ●死亡保険金に相続税が課税される可能性がある（受）
少額短期保険方式	●契約時に多額の現金を用意する必要がない ●直接，受任者を受取人に指定できる（委・受）	●必要な執行費用総額を賄えない場合がある（委・受） ●終身保障ではない（委・受） ●保険料負担が少しずつ重くなる（受）
委任者管理方式	●受任者の経営破綻，横領，中途解約時の返金トラブル等のリスクがない（委） ●執行費用の管理コストがない（委，受）	●死亡時に執行費用が不足するおそれがある（受）

（委）は委任者に係るもの，（受）は受任者に係るもの

か」という点です。依頼者の資産状況・生活状況から，執行費用を切り崩さずに生活ができる余裕があるかどうか，依頼者の人となり（契約に対する真剣さ）などを，慎重に判断する必要があります。

　以上，5種の管理方法を紹介しましたが，いずれも双方にとってメリット・デメリットがあるものです。執行費用の管理方法の選択は，契約の安全と双方の信頼関係の基盤になるものですから，慎重に検討するよう心がけましょう。

●生命保険と信託契約のハイブリッド：生命保険信託について

　2022年8月，プルデンシャル信託株式会社では，死後事務執行費用の決済サービスとして「終活サポート〜マイ・エンディング・ケア〜」の提供を開始しました。これは，死後事務委任契約の委任者が，プルデンシャル信託と「生命保険信託契約」を締結し，死亡保険金等を信託財産として，死後事務受任者に支払うことができるサービスです。

　保険会社自身が，生命保険の目的を「遺族への保障」だけでなく，「契約者自身の死後事務の費用支払い」というところまで広げて捉えだしたこと，遺言による受取人変更と比較すると，「保険会社のお墨付きを得たうえで受取人の変更ができる」という点において，画期的な仕組みといえます。

　ただし，この契約において指定できる死後事務受任者は，プルデンシャル信託が事前に認めた専門士業法人（司法書士法人等）に限定されており，本著執筆時点で登録を受けている法人は2社のみとなっています。本来，保険会社としては，支払われた保険金がどのように使われるかといったことを関知するものではありませんが，このサービスは，保険金の使途に着目したものになっていますので，サービスとして打ち出した以上，制度の不正利用等の事故が起きないか，経過観察をしながら慎重に運営をしていくものと思わ

れます。今後，活用実績が蓄積され，さらに多くの士業者に対して門戸が開かれていくことが期待されます。

【「終活サポート〜マイ・エンディング・ケア〜」のしくみ】

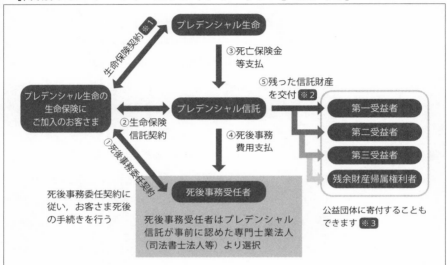

※1　信託設定できるのは，死亡保障があるプルデンシャル生命又はジブラルタ生命の保険契約であり，かつ保険契約が有効中のものに限る

※2　受益者への信託財産の交付は，プルデンシャル信託から死後事務受任者への死後事務委任契約に係る費用の支払いが完了し，なお，生命保険信託の財源となる生命保険契約の死亡保険金等の金額と死後事務委任費用によっては，受益者等に交付する信託財産が残らない場合がある

※3　プルデンシャル信託が認める公益団体に限る。

出典：プルデンシャル信託株式会社ホームページ（https://www.pru-trust.co.jp/trust/support/support.html）

死亡の発見が遅れた場合の損害

依頼者はいつどのような形で亡くなるかわかりません。体調が徐々に悪化

し，入院中に亡くなることもあれば，自宅や介護施設等の居室で突発的な要因で亡くなることもあります。入院中に亡くなる場合であれば，その容体について，病院の関係者から連絡を受けることができますし，受任者としてもある程度心構えができます。しかし，依頼者が予期せぬタイミングで亡くなった場合，サービス付高齢者住宅や介護施設などに居住し，コンシェルジュや施設職員による見守りが行き届いている，あるいは在宅で訪問診療・訪問介護を受けていたり，配食サービスを利用したりしているなど自宅を定期的に訪れる人がいる，という場合を除けば，その事実をいち早く把握することは困難です。

　遺体の発見が遅れた場合，死後数日，夏場では1日経過するだけでも腐敗が進行します。自分の遺体が腐敗した状態で発見され，異臭や害虫によって周辺環境に悪影響を及ぼす…というのは誰しも望まないことですし，本人の尊厳を損なうという意味で，できるだけ回避したい事態です。また，葬送の計画，不動産の原状回復など死後事務の執行にも大きな影響を及ぼしてしまいます。

●葬送の計画への影響

　通常，医師の死亡診断書が発行されない方（入院若しくは在宅療養中，又は救急搬送され病院で医師が死亡確認をした場合以外）については，警察が遺体を預かり，身元や身体的特徴を記録したり，死因や事件性の有無を調査したりします。また，死因が特定できない場合や事件性が疑われる場合には遺体を解剖して，さらに詳しく調査することもあります。遺体の損傷が激しい場合，身元確認や事件性の判断に時間がかかることがありますが，警察の調査が完了するまで，死体検案書と遺体の引渡しがされないため，死亡届の提出や葬儀を執り行うことができないという問題が発生します。

また，遺体から異臭が発生していたり，容貌が変化していたりするため，葬儀の参列者が依頼者と最後のお別れをする…という機会を設けることは難しくなります。この場合，衛生上の観点から先に遺体を火葬するなど，葬儀の計画変更を検討せざるを得ず，当初の希望どおりに契約が履行できないということに繋がります。

●不動産の原状回復トラブル

　依頼者の居室が借家であった場合，家主としては当然，事故発生後の逸失利益や床材・クロス等物件の損傷について損害賠償を考えるでしょう。

　賃借人が借家の居室内で病死し，賃貸人が建物の価値下落分について損害賠償を請求したという裁判事例では「老衰や病気等による借家での自然死については，当然に賃借人に債務不履行責任や不法行為責任を問うことはできない。」という判決が下されており，死因が自殺ではない限り，新たな入居者が決まりづらい，賃料を下げざるを得ないといった逸失利益への補償は必要ないとされています。

　賃貸物件退去時の原状回復義務について，国土交通省の作成する「原状回復をめぐるトラブルとガイドライン」では，「賃借人の居住，使用により発生した建物価値の減少のうち，賃借人の故意・過失，善管注意義務違反，その他通常の使用を超えるような使用による損耗・毀損を復旧すること」と定義しています。自然死そのものに入居者の故意・過失がない以上，死亡後に発生する遺体の腐敗とそれに伴う物件の損傷についても故意・過失はなく，賠償責任は生じないという解釈もできますが，家主としては納得のいくものではないでしょう。原状回復費用の請求が発生すると解決までに相当の時間を要することとなり，清算をするにしても，契約当初の想定から大幅な支出増となり，円滑な死後事務の執行に大きな影響を及ぼすこととなります。

●相続人との間のトラブル

　委任契約において，受任者は委任者に対して善管注意義務，いわゆるプロとして仕事をするのに相応の注意義務を負うわけですが，見守り（安否確認）の体制が不十分であり，その結果，前述のような事態が生じ，「契約の本旨を果たせなかった」「金銭的損害が生じた」という場合には，依頼者の相続人（委任者の地位承継者）から，善管注意義務違反による損害賠償を請求される可能性も考えられます。

　依頼者が突発的要因で死亡してしまう確率は具体的に計算できるものではありませんが，文字どおり，いつ起きてもおかしくないものですから，依頼者の年齢，健康状態に関わらず，常に意識しておかなければならない課題です。

●対応策…安否確認サービスの導入

　依頼者に異常が生じたとき，いち早くそれを関知する方法は，自宅への訪問や電話，メール，SNSなどを活用した安否確認をできるだけ頻繁に行うことになります。しかし，依頼者としては，高齢になり健康に不安が生じてきた場合には日々の安否確認がありがたいかもしれませんが，契約当初の比較的元気な時期は，対応が煩わしく感じ，それが原因で受任者との距離感も悪くなるという懸念もあります。また，受任者としても複数の依頼者の安否確認を頻繁に行うのは，業務コストの増加という面で支障が出てきます。

　逆に連絡の頻度を少なくすると，対応のストレスや業務コストは低下しますが，安否確認が十分にできなくなり，死後事務委任契約の効果を発揮できなくなってしまいます。ですから，訪問，電話，メールといった直接的な連絡手段だけでなく，安否確認を自動化・第三者に委託できるサービスを使い，双方にとって負担の少ない方法を選択する工夫が必要になってきます。これ

らの点を考慮し，安否確認の方法には次のものが考えられます。

○自動電話・自動メール型

　日々決められた時間にサービス事業者から自動音声の電話，若しくはメールが配信されるサービスです。その際，健康状態などの安否情報を問われますが，電話の場合は「元気なら1番」「体調が悪ければ2番」などプッシュボタンで容易に回答することができます。回答結果は登録先（受任者）にメール配信され，異常がなければ受任者が直接連絡を取る必要がありません。月々の利用料は数百円〜とシンプルかつ安価で利用しやすいサービスです。

○センサー型

　自宅内に設置されたセンサー機器の感知によって安否確認を行うサービスです。

　一定時間以上センサーが作動しないといった異常が認められる際に，登録先（受任者）に連絡が入ります。リビングやトイレのドアなどに人感センサーを設置するタイプや，ガス器具，照明器具の利用によってセンサーが作動するタイプなど，民間事業者によって幅広いサービスが提供されており，警備会社の提供するサービスでは，緊急時の駆けつけ（ガードマンの派遣）がオプションに入っている場合もあります。日常生活動作が見守りに繋がっているため，電話やメール対応の煩わしさがありませんが，一方で「生活の全てを監視されているようで気になる…」と拒否反応を示す方もいます。また，月々の利用料のほか機器設置料がかかる場合もあり自動電話・自動メール型に比べてやや費用負担が多くなるのが特徴です。

　自治体によっては，独居高齢者支援の施策として，これらの機器設置費用や月額利用料の補助を行っており，かなり低額でサービスを利用できる

場合があります。使い勝手のよいサービスがあるかどうか，自治体の制度は必ず調査するようにしましょう。

　サービスの内容，利用料金，インターネット回線の必要性などさまざまな比較条件がありますので，複数の選択肢のなかから，依頼者のライフプランに合わせて選択できるようにしましょう。

●対応策…緊急連絡先カードの発行

　安否確認サービスは，主に自宅内で異変が生じたときに効果を発揮するものです。外出時に異変が生じた場合に備えて，依頼者に「緊急連絡先カード」を渡しておくことも重要です。外出先で依頼者の容態が急変し，救急搬送されたという事例では，依頼者が緊急連絡先カードを携帯していたことから，病院からの連絡を受けることができました。

　外出時には常に緊急連絡先カードを携帯してもらうほか，職場や知人，家主等の関係者に受任者の存在を知らせておくなど，依頼者自身の協力や心構えも重要になります。

　自治体によっては，高齢者の緊急連絡先や医療情報等を自治体に登録し，地域包括支援センター，警察・消防等の関係機関で共有する取組みをしているところもありますので，有益なサービスがあるかどうか，制度の調査を行いましょう。依頼者の身近で何かと気にかけてくれる存在として，住まいの近くにいる民生委員とも面識を持ち，協力関係を築いておくことも望ましいでしょう。

緊急連絡先カードのサンプル。カードは名刺作成用の用紙に印刷したのち，ラミネート加工をして耐久性を高めている。用紙やラミネーターはそれぞれ数千円で購入できるので，作成にあたって高額な設備投資は必要ない。

●対応策…家主との協同

　安否確認に手を尽くしても死亡の発見が遅れ，物件に損害が発生してしまう確率はゼロにできません。最近では貸室で孤独死が発生した場合の遺品整理費用，原状回復費用，逸失賃料などを補償する家主向けの保険商品が少額短期保険会社や損害保険会社から提供されており，このリスクへの対応が可能になりつつあります。

　依頼者，受任者，家主共に孤独死によるトラブルを予防したいという思惑がありますから，緊急時の連絡体制の確認，損害保険の導入を含め，家主とも協同して死後事務委任契約を設計していくことも必要になってくるでしょう。

第6章

関連事業者との連携の構築

　死後事務委任契約を業務展開していくうえで欠かせないのが他業種連携を構築していくことです。この章では，特に死後事務委任契約と関連の深い事業者との連携について解説していきます。

❖ 他業種との連携組成イメージ図

 ## 司法書士・行政書士等の士業者

　受任者の死亡リスクに備えるために，共同受任者あるいは予備的受任者としてバックアップしてくれる同業者の存在は不可欠です。遺言，相続，信託，成年後見など，いわゆる「終活」分野で活躍する同業者であれば，連携を構築しやすいかと思います。業務研修会や交流会などに積極的に参加し，人脈を増やしましょう。

葬儀社

　葬儀・火葬は，死後事務委任契約の中核を成す事務ですが，遺体の搬送，棺や骨壺の手配，火葬場の手配などを受任者自身で行うことは事実上不可能ですから，葬儀の施行の大部分は葬儀社に委託することになります（受任者は，依頼者の死亡後，葬儀社を手配し，葬儀の内容を調整する，葬儀当日に参列者の供応や遺骨を収骨するなど，「喪主」としての役割を果たす）。

　また，葬儀プランの決定や葬儀費用の見積りなど，契約の設計段階においても，葬儀社の持つ専門知識やアドバイスが必要になってきますから，葬儀社との連携は必須になります。

　葬儀社の立場から見ても，単身者から葬儀の生前予約に関する相談を受けることがありますが，死後事務委任契約をフックにして，これらの見込み客を確実に取り込むことができるメリットがあります。

　一括りに**葬儀社**といっても，葬祭業は許認可事業ではないため，参入障壁が低く，大手の上場企業から個人事業主までさまざまな背景の葬儀社が存在します。膨大な数のなかから連携を図る葬儀社を選ぶ指針としては次の項目が挙げられます。

●自社で葬儀を施行できる地域の葬儀社を選ぶ

　インターネットや全国対応のフリーダイヤルで相談・依頼を受けている大手の葬儀社もありますが，実際に葬儀を施行する会社は，その地域にある下請け・フランチャイズの別会社というケースが多く，また，個人事業主の葬儀社の場合，遺体の搬送や葬儀の施行は別の葬儀社に外注しているケースも多くあります。両者に共通しているのは，相談・依頼した担当者と，実際に葬儀を施行する担当者が別会社になる可能性があるということです。

　「当初想定していた見積り以上の料金を請求された」「想定していたプラン

と違う方法で葬儀を施行されてしまった」などトラブルが発生した場合には責任の所在が曖昧になりがちです。ですから、「自社で葬儀の相談・見積りから施行までできる地域の葬儀社を選ぶ」というのは重要な基準になります。

●葬祭ディレクターがいるかどうかは信頼度の目安になる

葬祭業そのものには免許がありませんが、葬儀業界で働く個人については、「葬祭ディレクター」という資格が存在します。葬祭ディレクターは「葬祭ディレクター技能審査協会」という民間団体が認定する資格で、1級と2級があります。受験資格を得るには、葬祭業での一定の実務経験（2級の場合2年以上、1級の場合は5年以上又は2級を取得して2年以上）が必要ですし、国家資格というわけではありませんが、厚生労働省が認定した受験内容に沿った資格ですので、知識・経験ともに実績のある「葬儀のスペシャリスト」として質が高いことは間違いありません。

葬儀社の規模にもよりますが、葬祭ディレクターが多く在籍している会社は意欲の高い優秀なスタッフが多いということがいえますし、葬儀社の信頼度をはかる目安の一つになります。

墓地紹介事業者

火葬後の遺骨は、死体損壊等罪（刑法190条)[1]の規定により廃棄物として処分することができませんし、受任者の手元で保管し続けることも現実的ではないので、基本的には墓地・霊園や納骨堂に納骨することになります。しかし、依頼者自身の希望する墓地・霊園が決まっている場合を除くと、納骨の

1　刑法190条（死体損壊等）

死体、遺骨、遺髪又は棺に納めてある物を損壊し、遺棄し、又は領得した者は、3年以下の懲役に処する。

方法（弔い方），料金，場所など，さまざまな条件や選択肢があるなか，一から墓地・霊園の選定をしなければならず，受任者自身で情報を集めるのは大きな負担になります。こんなとき，お墓に関する豊富な情報量がある石材店や墓地紹介業者から紹介や提案を受けることで，受任者の負担を抑えつつ，依頼者が納得いくプランを選択することが可能になります。

　都市部では，寺院から委託を受け，納骨堂の建設から販売（契約者の募集），運営管理までを行う，いわゆる「デベロッパー」のような事業者も増えています。上手く連携を構築することができれば，大きな集客導線になる可能性も考えられます。商圏内にある墓地や納骨堂の見学，資料請求などを行い，契約形態や料金相場等の情報を蓄積していくとともに，事業者との関係を構築していきましょう。

 ## 海洋散骨事業者

　墓地の契約費用や墓石の購入費用を抑えたい，墓を維持管理していく親族がいないといったニーズや，遺骨が自然に還るといった考えが受け入れられ，遺骨を墓に納めるのではなく，海や山に撒く「散骨」という葬法を選択する人が増えつつあります。死後事務委任契約においても，自身の遺骨の散骨を希望する依頼者が数多くいます。

　日本国内における散骨は，海上で行う「海洋散骨」が主流で，遺族等は専門業者の運行する船舶に乗り，散骨を実施するのが一般的です。散骨に関する法規制や是非については第7章（132ページ）で詳しく解説するとして，ここでは海洋散骨事業者を選ぶ指針について解説します。

　まず，確認すべきなのは，旅客不定期航路事業，内航不定期航路事業などの許可や届出がなされているかどうかです。これは遺族等の旅客を乗せて船

舶を運行するのに必要なもので，事業者は，保険の加入，必要な資格者の選任が許可等を受けるための要件となっており，また，安全管理規定の届出，安全統括管理者・運行管理者の届出を所轄の運輸局等にすることが義務付けられています。

　なお，漁船（漁師が漁業で使用する船舶）は，漁船法2条1項において「もつぱら漁業に従事する船舶」とあり，遺族等の旅客を乗せて運行することができません。また，釣り船については，遊漁船業の適正化に関する法律に基づき「遊漁船業の登録」を受けて「釣り客を漁場へ案内すること」ができるだけで，不定期航路事業等の許可等を取得しなければ，海洋散骨を目的として旅客を乗船させることができません（同法2条1項）[2]。

　不定期航路事業等の許可等を取得していない**ヤミ**事業者の場合，安全に船舶を運行できるかどうか不安がありますし，違法操業ですから，事故が起きた場合に保険が下りず補償がされない可能性や，散骨を実施している最中に海上保安庁や水上警察に検挙されてしまう可能性も考えられます。知床の観光遊覧船事故をきっかけに，海難事故発生時の被害の深刻さ，事業者の安全管理体制の重要性を多くの方が認識されたと思いますが，実務家として，取引をする事業者が適切な許可等を取得しているか確認することは必須です[3]。

　また，海洋散骨が墓地，埋葬等に関する法律（墓埋法）や死体損壊等罪に直ちに抵触しないとしても，「葬送の祭祀として節度をもって」「国民の宗教的感情や公衆衛生を害さないこと」という内在的制約は受けることになり，

2　遊漁船業の適正化に関する法律2条1項（定義）
　　この法律において「遊漁船業」とは，船舶により乗客を漁場（海面及び農林水産大臣が定める内水面に属するものに限る。以下同じ。）に案内し，釣りその他の農林水産省令で定める方法により魚類その他の水産動植物を採捕させる事業をいう。
3　『海へ還る　海洋散骨の手引き』村田ますみ編（啓文社書房）第4章を参照

トラブル防止や自然環境への配慮が必要になります。しかし，散骨には「故人を弔うセレモニーとして」の目的以外に，「低廉な遺骨の処分方法として」のニーズも一定数あり，遺族等が乗船しない「委託散骨」を専門とする事業者が大量の遺骨を海に投げ入れる，**焼却灰の海洋投棄**と見紛う方法で散骨を実施している実態もあります。海洋散骨が，「葬送」としての性質を失うと，その適法性を失う可能性が出てきます。委託散骨専門の事業者については，たとえ安価であったとしても敬遠することが賢明です。

　なお，散骨を葬送文化として健全に普及させ，問題視される海洋散骨を抑止していくことを目的として，2014年に散骨事業者の有志で設立された一般社団法人・日本海洋散骨協会では，「遺骨を人骨とわからない程度（1mm〜2mm程度）に粉末化する」「漁場や水源地，人目につく場所を避ける」「自然に還らない金属・プラスチックなどを海に撒かない」など，海洋散骨に関するガイドラインを作成し，散骨事業者への啓発を行っています。2021年3月には，厚生労働省から「散骨に関するガイドライン（散骨事業者向け）[4]」が公表され，国からも散骨実施にあたって事業者が遵守すべき事項が示されています。葬送としての適法な散骨を行うため，ガイドラインを遵守しているかどうかも，事業者を選ぶうえで重要なポイントになります。

🌿 遺品整理事業者

　依頼者の死亡後，その居室内にある家財道具等を，貴重品として選別・保存する，リサイクル品として売却（換価）する，指定された遺族や知人に引

4　厚生労働省ホームページ（https://www.mhlw.go.jp/stf/seisakunitsuite/bunya/0000123872.html）

き渡す，不用品として廃棄処分する，などの「遺品整理」と呼ばれる事務を行うことになります。遺品整理は，大量かつ大型の家具・家電製品の運搬，処分を伴うことから，専門の遺品整理事業者に業務を委託することが一般的です。また，遺品整理費用の見積りや，生前にある程度不用品を処分しておく生前整理など，契約の設計段階からも関与が必要になります。

　遺品整理業には膨大な数の事業者が参入していますが，そのなかから適切な事業者を選ぶ指針については，次の項目が挙げられます。

●不用品を適切に処分・運搬できる体制があるかどうか

　遺品の一部又は全部を不用品として廃棄処分しようという場合，家庭から出るゴミである遺品は「一般廃棄物」という扱いになり，これを処分場に持ち込むためには廃棄物の処理及び清掃に関する法律（廃棄物処理法）に基づく「一般廃棄物収集運搬業許可」が必要となります（同7条1項）[5]。しかし，この許可は，自治体の処理能力として一般廃棄物の収集運搬ができないときに，その業務を民間事業者に委託するために出すもので，総量規制が設けられており，遺品整理業を目的とした取得は原則として認められていません。そこで多くの遺品整理事業者は，一般廃棄物収集運搬業許可を持つ事業者に業務委託することによって不用品の回収を行っています。同許可は，市町村ごとの許可となり，許可業者は当該市町村内の不用品しか回収することができないため，遺品整理事業者は業務を行おうとする市町村ごとに委託業者と

5　廃棄物の処理及び清掃に関する法律7条1項（一般廃棄物処理業）
　　一般廃棄物の収集又は運搬を業として行おうとする者は，当該業を行おうとする区域（運搬のみを業として行う場合にあつては，一般廃棄物の積卸しを行う区域に限る。）を管轄する市町村長の許可を受けなければならない。ただし，事業者（自らその一般廃棄物を運搬する場合に限る。），専ら再生利用の目的となる一般廃棄物のみの収集又は運搬を業として行う者その他環境省令で定める者については，この限りでない。

提携しておく必要があります。

　遺品整理事業者のなかには「産業廃棄物収集運搬業許可」を取得し，不用品を有価物として引き取った後，自社の持ち物として産廃処分場に持ち込む方法を取っているところもあります。一般廃棄物の処理の原則からいえばグレーな取扱いともいえますが，産廃処分場との契約に基づき不用品を受け入れてもらう体制を備えていることは事実です。

　遺品整理に伴う不用品の処分・受入体制については，地域ごとにルールが異なるのが実情ですが，重要なのは，当該事業者が，不用品を最終的に処分場まで持ち込むことのできるルート（許可や業務委託体制）を有しているかどうかです。問い合わせの際，この点について明確な回答のできない事業者は，処分場に持ち込めない不用品を不法投棄しているおそれがあるので注意が必要です。また，他社と比べてあまりにも安い見積りを提示する事業者の場合，処分費用を経費に計上していない可能性が高く，この場合も不法投棄に繋がるおそれがあるので注意が必要です。

●リサイクル品を買い取る場合は古物商許可があるかどうか

　遺品の一部をリサイクル品として買取り，収集してくれる事業者もいますが，この場合は，古物営業法に基づく「古物商許可」が必要になりますので，許可を有しているかどうか確認しましょう。不用品の一部をサービスで引き取ってくれる事業者もいますが，あまりにも大量となると廃棄物の適正な処分という点で前項のような問題が起きる可能性があるので注意が必要です。

●詳細な見積りを発行するかどうか

　遺品整理費用は，部屋の間取り・広さ，物品の量・種類とそれに伴う作業時間の長さ，リサイクル品の有無などによって変動します。悪徳業者の場合「作業費用一式」などと謳った不明瞭な見積りを出す場合がありますが，作

業後に当初の見積りにない費用を請求されるなどのトラブルが起きる可能性
があり，実際に消費者センターなどへの苦情や相談が増えています。「何に
いくらかかるのか」を詳細に答えることのできる事業者を選ぶことがポイン
トです。

●家電リサイクル法（特定家庭用機器再商品化法）を遵守しているかどうか

　遺品整理の場合は通常，大型家電の回収・処分が行われます。家電リサイ
クル法に基づく家電としては，冷蔵庫（冷凍庫）・エアコン・テレビ・洗濯機
（乾燥機）の４品目ですが，メーカー毎にリサイクル料金の違いがあります。
決められた処分を行っている事業者は「家電リサイクル券」を発行して，排
出者に伝票の控えを渡しています。小売業者としての役割を明確に果たして
いるかも，業者選びのポイントとなります[6]。

 ### 警備会社

　第5章（86ページ）で解説したように，最近では，警備会社の多くがホー
ムセキュリティのノウハウを生かした見守りサービスを展開しています。安
否確認に留まらず，緊急時の駆けつけ（ガードマンの派遣）もできるところが
魅力です。依頼者の孤独死リスクへの備えとして，連携を図っておきたい事
業者です。

 ### 保険のライフプランナー・ファイナンシャルプランナー

　第5章（59ページ）で解説したように，依頼者の生活状況，資産状況の変

6　参考サイト：https://www.rkc.aeha.or.jp/

化は契約を安定的に維持していくうえでのリスクになりますので，死後事務委任契約の設計には，「依頼者の中長期的なマネープランニング」という視点も欠かせません。

　この点については，保険のライフプランナーやファイナンシャルプランナーとの連携により，経済面でのリスク対策を講じることができるのではないでしょうか。また，自分自身が有資格者であれば，その強みを活かせるかもしれません。

🍃 不動産会社・介護施設紹介事業者

　依頼者のなかには老後を安心して暮らせる**終の棲家**を探しているというニーズもありますので，豊富な情報や提案力を持っている不動産会社や介護施設紹介事業者との連携を組成することも望ましいでしょう。また，介護施設等の立場から見ても，身寄りのない単身者との契約にあたっては，遺体の引取りや施設利用料の精算などの死後事務が課題になることから，課題の解決を図る手段として連携のメリットがあるといえます。

　これらの事業者との連携によって，受任者は死後事務を取り扱ううえで必要な知識を吸収していくことができますし，接する顧客特性も一致していることから，相互で案件の紹介に繋がるというメリットもあります。実務面だけでなく，営業戦略的にも関連事業者との連携を欠かすことはできません。

✿ 他業種との連携組成のメリット

- ・契約設計・見積作業，実務の執行で稼働してもらう
- ・顧客に対して自社サービスの付加価値（強み）としてアピールできる
  （他事務所との差別化・提案力UP，単価UP）
- ・自社，提携事業者双方の集客・販売チャネルが増える
  （パック商品の展開も可能になる）

🌿 地域包括ケアシステム構想をヒントに地域内連携の可能性を探る

　日本では，現在，世界でも類を見ないほどのスピードで高齢化が進んでいますが，団塊の世代が75歳以上の後期高齢者になる2025年以降，医療，介護の需要が大きく増加することが見込まれています。

　このため，厚生労働省では2025年を目途に，高齢者の尊厳の保持と自立生活の支援の目的のもとで，重度な要介護状態となっても可能な限り住み慣れた地域で，自分らしい暮らしを人生の最期まで続けることができるよう，住まい・医療・介護・予防・生活支援が一体的に提供される地域の包括的な支援・サービス提供体制（地域包括ケアシステム）の構築を推進しています。

　地域包括ケアシステムは，地域の自主性や主体性に基づき，地域特性に応じて作り上げていくことが必要とされています。添付のイラストは，厚生労働省のホームページから引用した地域包括ケアシステムのイメージですが，緊急時の要請にも概ね30分以内で応えられる日常生活圏域（中学校区程度）を構成単位として想定されています。

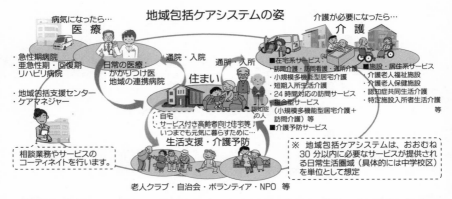

地域包括ケアシステムの姿

（出所）http://www.mhlw.go.jp/stf/seisakunitsuite/bunya/hukushi_kaigo/kaigo_
koureisha/chiiki-houkatsu/

　地域包括ケアシステムの概要説明文は厚生労働省のホームページから引用
したものですが，国が近い将来実現を目指している地域医療・介護の在り方
の指針である，地域包括ケアシステム構想に含まれるキーワードは，第4章
で解説した「死後事務委任契約の提供によって達成しようとする目的」と同
じだということがいえると思います。ですから，目的を同じくする死後事務
委任契約の提供（イラスト中のカテゴリでは生活支援）を通じて我々，士業者（特
に地域密着を是として活躍する行政書士）も，この地域内連携の輪に加わること
ができるのではないでしょうか。

　実務に取り組む専門家が死後事務委任契約のメリットや意義を積極的に
PRし，地域の医療・介護事業者，自治会やNPO等のコミュニティ，あるい
は自治体に「地域包括ケアシステムを充実させる重要なサービス」として認
知されることで，単純な手続委託業務というイメージから**重要な社会インフ
ラの一つ**としてサービスの価値を高めることが可能になります。

　また，地域内連携の構築によって，依頼者の年齢や体調に合わせた適切な

医療・介護サービスの選択と情報提供，自治会等と連携した見守りサービスの活用など，自身の守備範囲外の領域をカバーしてもらうことが可能になり，ひいては，それが死後事務委任契約のサービスレベル向上＝依頼者のQOL向上に繋がるというメリットもあります。

　地域包括ケアシステム構想の根幹には，地域住民の暮らし・健康を支えるために，地域コミュニティや他業種連携が重要であるという考えがあります。依頼者の暮らしを支えるために，士業者一人の力だけでできることには限界があります。

　地域内のさまざまな事業者，コミュニティと横の繋がりを構築し，連携を活かしながら，自分なりの厚みのある（付加価値のある）サービスを提供していこうという姿勢が重要ですし，取組みを通じて「地域のなかで頼られる存在」というポジションを確立することが業務の発展にも繋がるのではないでしょうか。

第7章

依頼者からのヒアリング事項

　この章からは実際に依頼・相談を受けた場合の実務の進め方（相談から受任までの流れ）を解説していきます。おおまかな流れとしては，

① 　依頼者からのヒアリング（重要事項の聞き取り）…2〜3時間程度

② 　必要な資料・情報の収集…1〜4週間程度

③ 　執行費用の見積り，管理方法の選択…1〜4週間程度（②と同時進行）

④ 　遺言書・契約書の文案作成，公証人との連絡調整

⑤ 　公正証書の作成…（公証人との打ち合わせを開始してから）2〜3週間程度

となります。相談から受任まで（公正証書の完成）までのスケジュールは，依頼内容が具体的にどの程度固まっているか，依頼者の体調に問題がないか（依頼者の協力がどの程度見込めるか），といった条件によって変動しますが，スムーズに進めば1カ月から1カ月半といったところです。

　死後事務委任契約の設計の第一段階かつ最重要ポイントは，依頼者からのヒアリング，契約にあたっての重要事項の聞き取りです。聞き取った内容を執行費用の見積りや遺言書，契約書の作成に活かすと同時に，受任するうえでのリスクやその程度を確認し，最終的に契約が締結できるかどうかを判断する材料にします。依頼者が死亡した後では重要事項を聞き出すことができませんし，親族も依頼者に関することを多くは知らないという状況ですから，じっくり時間をかけて，できるだけ多くの情報を取り込んでおきます。

相談の経緯・親族構成・親族との人間関係

【チェック項目】

□　依頼者が抱えている（解決したい）一番の不安や悩みは何か

□　推定相続人を中心とした親族の構成

□　親族との人間関係は良好か不仲・疎遠か

【収集する資料・情報】

□　推定相続人を明らかにする範囲の戸籍謄本　等

　第3章でも紹介しましたが，依頼者は「病気で死期が迫っているので急いで準備をしたい」「老後を安心して暮らすための備えをしたい」「身元引受人を求められて困っている」など，さまざまなタイプの悩みを抱えています。まずは，依頼者が最優先で解決したい悩み（ニーズ）を把握し，その解決のためのアプローチを考えることが相談の第一歩になります。特に，病気で死期が迫っているなど健康状態に不安がある方であれば，契約成立までの迅速な対応を検討する必要があります。

　法律上，依頼者死亡後に契約上の権利義務を承継し，契約の主体となるのは相続人となりますから，相続人の存在を切り離して契約を設計することはできません。依頼者の死亡後，通知や報告がスムーズに行えるよう備えておく必要がありますし，任意後見契約を併せて受任する場合においては，任意後見監督人選任の申立時に，親族関係図の作成を求められることになりますので，誰が相続人になるのか（推定相続人の範囲）を把握しておくことは必須です。

　依頼者と親族との人間関係は，そのまま受任者と親族との信頼関係に直結

し，死後事務をトラブルなく進められるかどうかを図る目安となります。親族との人間関係が良好であれば，あらかじめ契約の存在をオープンにしたうえで協力関係を築いておくことが期待できますし，逆に不仲であれば，契約の存在を事前に知らせないという選択が一般的ですが，この場合は協力関係を築くことが望めず，遺留分を含めたトラブル発生のリスクが高くなるといえます。

●親族には知らせないでほしいという依頼があった場合

　親族と不仲である依頼者の場合，「自分が亡くなったことを親族には知らせないでほしい」「葬儀には親族を呼ばないでほしい」などと依頼されることがあります。葬送の方法については，本人の宗教的な感情が尊重されるとしても，民法の委任に関する規定に，「受任者は，委任者の請求があるときは，いつでも委任事務の処理の状況を報告し，委任事務が終了した後は，遅滞なくその経過及び結果を報告しなければならない。」（民法645条：受任者による報告），「委任の終了事由は，これを相手方に通知したとき，又は相手方がこれを知っていたときでなければ，これをもってその相手方に対抗することができない。」（民法655条：委任の終了の対抗要件）とあることから，依頼者の契約上の権利義務を承継する相続人に対しては，死亡の事実を含む死後事務執行の顛末について報告する義務が生じることになります（遺言執行者の立場においても，相続人への通知・報告義務が生じる）。任務懈怠によるクレームや訴訟リスク・懲戒請求のリスクはもちろん受任者が負うことになりますから，依頼者には報告を省略できないことについて説明し，理解を得る必要があります。

所有財産・負債の構成と価格・処分方法の希望

【チェック項目】

☐　所有財産全体の構成・価格

☐　残余財産の処分方法（遺言事項）

【収集する資料・情報】

☐　預金通帳の写し（過去2〜3年分程度の取引履歴がわかるページ分）

☐　受遺者の住民票の写し（個人），履歴事項全部証明書（法人の登記簿謄本）
（不動産がある場合）

☐　不動産の登記事項証明書（登記簿謄本），固定資産評価証明

☐　権利証又は登記識別情報通知

☐　売買契約書，借地権の設定契約書，境界確定の合意書，私道の通行・
掘削承諾書の有無

☐　住宅ローン契約の契約書，残高試算表
（自動車がある場合）

☐　車検証の写し　　など

　所有財産の構成と価格（主に自由に処分できる預貯金の金額）を確認し，執行費用を確保（取り置き）したうえで，安定的に生活を維持できる余力があるかどうかを検討します。任意後見契約を併せて受任する場合は，任意後見監督人選任の申立時に，財産目録の作成を求められることになりますので，債務も含めた財産の詳細を把握しておきましょう。

　また，死後事務執行後の残余財産について，遺言による処分方法を決定し，遺言書の作成に必要な資料を収集します。銀行預金は，公証役場への提出資料としては，公正証書遺言作成手数料の算定資料として，口座番号記載のペー

ジと現在残高の記載されたページの写しだけがあればよい（遺言作成時点での財産評価額が明らかであればよい）のですが，過去数年分の取引履歴がわかる範囲の写しを提供してもらうことで，給与・年金などの収入や各種生活費の支払状況，保有資産額の変化などを確認することができ，後述する各種契約の状況を把握することに役立ったり，ライフプランニング（資産状況が悪化するリスクの検討）に役立てたりすることができます。

　依頼者が親族と不仲である場合は，遺留分を侵害する内容の遺言を希望する場合があるので，第 5 章（54 ページ）で解説したリスク回避の方法を検討します。

　現預金以外の財産（不動産，自動車等の動産）については指定する相続人，受遺者に現物を取得させるのか，換価のうえ現金を引き渡すのかなどを検討します。現物を引き渡す場合は相手方が相続・受贈の意思があるかどうか，換価する場合は売却が可能な資産かどうかを検討する必要があります。

　借地権については，遺贈又は換価（相続人以外への譲渡）を行う場合，原則として地主（土地所有者）の承諾が必要になります。地主からの承諾が得られない場合は裁判所の許可を得る必要があるため，手続負担としてはいささか過重になってしまいます。①相続人に「相続させる」の遺言をする，②地主から底地権を買い取る（土地所有権を取得する），③地主から相続人以外への譲渡について事前承諾を得ておく，の 3 つの選択肢が考えられますが，②，③については底地権の取得費用や承諾料といった負担が発生するため，依頼者の資産状況を踏まえた検討が必要になります。

　不動産（所有権）を現物で遺贈する場合，遺贈の登記申請には，権利証又は登記識別情報通知の添付が必要となりますので，有無を確認しておきましょう。

　換価の場合は，いったん相続人全員へ法定相続分による相続登記を行った

うえで，買主へ所有権移転登記を行うという流れになります[1]。この場合，権利証又は登記識別情報通知は添付不要ですが，不動産の売却価格が取得価格及び売却に要した諸費用を超過している場合は，譲渡所得税の申告・納税が必要になるという問題も起こりえます。課税リスクへの対策として，取得価格や取得に要した諸経費について把握しておくことが必須となりますし，相続人等へ引継ぎが必要な資料にもなりますから，売買契約書等，不動産取得時の資料は必ず確認しておきましょう。

　土地の換価（売買）にあたっては，買主にとってのリスク要因を解消して円滑に取引を進めるため，売主側において隣地所有者との境界確定を行ったり，私道付の場合は，私道の共有者から道路通行・掘削承諾書[2]をもらっておいたりすることが一般的です。換価時に行う場合は相応の費用，手続負担がかかりますので，あらかじめ合意ができているかどうか，書面の有無を確認しておきましょう。

　遺言執行で不動産の処分を行うことは相応の手間がかかりますので，手続負担として許容できないということであれば，リースバック（詳細は156ページ）の活用を含め，依頼者の生前に処分しておいてもらうというのも一案で

1　相続又は遺贈の場合，不動産の所有権は相続開始日に遡って被相続人から相続人又は受遺者に移転するが，換価の場合，相続開始日と買主の権利取得日(売買契約の締結後，売買代金の全額の支払いがされた日)にはズレが生じる。被相続人は死亡しているため，買主の権利取得日において権利の主体にはなりえないが，「誰のものでもない財産」という考えは成立しないため，手続上，被相続人→相続人→買主という所有権移転の変遷を辿る。なお，遺言執行者が指定されている場合，当該相続登記にあたって相続人の承諾等は不要。

2　私道の所有者が，当該道路におけるガス管，上下水道管の埋設及び引き込み工事を行うこと，人や車両が無償で通行したり使用したりすることについて承諾したことを示す書面。この書面によって得た承諾は，承諾を得た所有者から土地を譲渡された第三者に対しても有効とされる。共有者の全員承諾が原則であるため，承諾を得るために，共有者宅を何度も訪問したり，書簡を送ったり，電話をしたりといった手間がかかる。

はあります。

●**債務超過のおそれがある場合は要注意**

　依頼者が多額の負債を抱えている場合は，死亡時に債務超過になるおそれがないか検討する必要があります。債務超過に陥ると，債権者平等の原則に基づき，受任者の判断によって特定の債権者に債務の弁済を行うことができなくなりますし，受任者が報酬を受領することも難しくなります。特に住宅ローンについては，団体信用生命保険（団信）の加入があるかどうか確認しておきましょう。

職業・勤務先・収入

【チェック項目】

- □　就労の有無
- □　就労している場合は職業，勤務先
- □　職能団体など加盟組織
- □　給与，年金，配当，不動産の賃料など収入の種類・金額

（事業を営んでいる場合）

- □　事業上の借入れの有無，残高
- □　税務申告等で相続人の協力を得られるか，顧問税理士の有無
- □　許認可等の有無
- □　事業の引継ぎが可能なパートナー等の有無

【収集する資料・情報】

- □　給与明細，年金のお知らせ等，収入や在職の証明になる資料
- □　勤務先の連絡先，担当者名
- □　加盟組織の連絡先，返納が必要な資格証の写し

（事業を営んでいる場合）

☐　借入れ残高の明細書

☐　確定申告書の控え，決算書の控え，経理帳簿等の保管場所（保存デー
　　タへのアクセス方法等）

☐　顧問税理士の連絡先

☐　営業許可証や届出書控えなどの写し

☐　仕事仲間の連絡先，受注している業務内容・取引先等の情報（情報一
　　覧へのアクセス方法）

（不動産所得がある場合）

☐　不動産賃貸借契約に関する情報（賃借人や管理会社の連絡先等）

　雇用形態を問わず，勤務先がある状態で死亡した場合は，制服やロッカー
の鍵等の貸与物の返却，未払給与の清算などの退職手続が必要になるので，
勤務先の連絡先，担当者名等を確認しておきます。また，資格等に基づく職
能団体に加盟している場合は，資格証明書返納等の脱退手続，未払会費の清
算などが必要になるので，こちらも連絡先を確認しておきます。

　給与や年金などの収入に関する情報は，現在の資産状況や生活支出と比較
したうえで，今後，資産が目減りしていくリスクがないか，将来の生活設計
に不安がないかなど，契約を中長期的に維持することが可能かどうか検討す
る材料にします。依頼者からは給与明細，年金のお知らせ等，収入や在職の
証明になる資料を提供してもらい，これらの情報を確認します。給与明細や
年金のお知らせからは，収入金額だけでなく，特別徴収（天引き）されてい
る税金や社会保険料の金額も併せて確認することができます。

●依頼者が事業を営んでいる場合の対策

　依頼者が「事業継続中に死亡した場合に必要な事務処理を依頼したい」という場合には，慎重に準備を進める必要があります。

　まず，個人事業主・フリーランスの場合は，死亡時に必要な手続きとして，①所轄税務署への廃業届（消費税課税事業者の場合は個人事業者の死亡届を含む（消費税法57条1項4号[1]，所得税法229条[2]）），②死亡年分の準確定申告（前年分の確定申告が未了の場合はその申告を含む（所得税法124条1項[3]，・125条1項[4]）），③営業許可等の抹消手続，④取引先等，事業上の債権者・債務者への通知及び債権・債務の整理，が考えられます。①，②については，原則として法定

1　消費税法57条1項4号

　1　事業者が次の各号に掲げる場合に該当することとなつた場合には，当該各号に定める者は，その旨を記載した届出書を速やかに当該事業者の納税地を所轄する税務署長に提出しなければならない。

　　（略）

　　四　個人事業者（第9条第1項本文の規定により消費税を納める義務が免除される者を除く。）が死亡した場合　当該死亡した個人事業者の相続人

2　所得税法229条

　　居住者又は非居住者は，国内において新たに不動産所得，事業所得又は山林所得を生ずべき事業を開始し，又は当該事業に係る事務所，事業所その他これらに準ずるものを設け，若しくはこれらを移転し若しくは廃止した場合には，財務省令で定めるところにより，その旨その他必要な事項を記載した届出書を，その事実があつた日から1月以内に，税務署長に提出しなければならない。

3　所得税法124条1項

　　第120条第1項（確定所得申告）の規定による申告書を提出すべき居住者がその年の翌年1月1日から当該申告書の提出期限までの間に当該申告書を提出しないで死亡した場合には，その相続人は，次項の規定による申告書を提出する場合を除き，政令で定めるところにより，その相続の開始があつたことを知つた日の翌日から4月を経過した日の前日（同日前に当該相続人が出国をする場合には，その出国の時。以下この条において同じ。）までに，税務署長に対し，当該申告書を提出しなければならない。

相続人が届出義務者，申告義務者となりますので，死後事務の一部として依頼者から直接受任することができません。ですから，申告書作成を行う税理士をアテンドするなどのお膳立てをするとしても，「申告を誰の名義で行うか」といった人的要件を満たすことが必須になりますので，①相続人の協力を得られるか，②相続人以外で協力を得られるかの順序で検討していく必要があります。②は，知人等を遺言で包括受遺者に指定し，民法990条の「包括受遺者は，相続人と同一の権利義務を有する。」という効果を用いて申告の名義人になってもらうという方法です。また，申告作業は当然，根拠資料がなければ行うことができませんので，過去の確定申告書の控えや帳簿書類等がきちんと作成・保管されており，これが容易に閲覧できるか（会計ソフトを使用している場合は，パソコンのロック解除方法など帳簿データへのアクセスが容易にできるか）といった技術的な要件も満たす必要があります。申告作業を依頼する税理士についても，新たに手配するより，依頼者の事業内容や申告内容を把握している顧問税理士に依頼できたほうがベターなのは言うまでもありません。顧問税理士がいる場合は連絡先等の情報を共有しておきましょう。

　④については，死後事務あるいは遺言執行事務の一部として受任可能と考えられますが，「受注済の業務が履行できなくなり，取引先に迷惑をかけてしまう」という事態への対策として，仕事仲間（同業の知人）に業務を引き

4　所得税法125条1項

　居住者が年の中途において死亡した場合において，その者のその年分の所得税について第120条第1項（確定所得申告）の規定による申告書を提出しなければならない場合に該当するときは，その相続人は，第三項の規定による申告書を提出する場合を除き，政令で定めるところにより，その相続の開始があつたことを知つた日の翌日から四月を経過した日の前日（同日前に当該相続人が出国をする場合には，その出国の時。以下この条において同じ。）までに，税務署長に対し，当該所得税について第120条第1項各号に掲げる事項その他の事項を記載した申告書を提出しなければならない。

継いでもらうことができるか？　といった体制作りも検討が必要でしょう。その場合は，業務を引き継いでもらう仕事仲間に事業用資産や謝礼相当額を遺贈することも併せて検討します。ただし，事業用の借入れを行っている場合には，借入額が高額となり大きな負担になってしまうことも考えられますので，契約全体の設計と併せて，慎重な判断が必要です。

　依頼者が会社の代表者（オーナー兼経営者）の場合は，会社の所有権である株式の**相続**の手続きを経て，新たな株主が（自らの一存で）会社の存廃等の行く末を決めることになります。よって，「後継者がいないため，自分が亡くなってから法人を解散・清算してほしい」というオーダーはそもそも委任事務になりえません。受任者が株式を相続したのち，株主総会で清算の決議をする（自らを清算人に選任）という方法も物理的には可能ですが，法律職の専門家が自ら受遺者になることは，職業倫理的に問題があります（この場合も，「株式を取得したのち会社清算の決議をせよ」という負担付遺贈をしても効力を持たないと考えられる）。そのほか，依頼者個人の資産状況によっては，株式という財産を取得したことによる相続税が課税される可能性もあります。

　会社のオーナー兼所有者の死亡に備えた対策としては，①相続人の協力を得たうえで事業継続又は清算する，②親族以外で事業承継者を確保・育成する，③第三者への譲渡を検討する（M&A），④個人成りする（個人事業主になる）といったものが考えられます。いずれにしても依頼者自身でしっかりと計画を立てるべきことであって，顧問税理士や取引先金融機関に相談をするといったことも必要になるのではないでしょうか。法人は永続性を前提に制度設計されている面がありますので，死後事務委任契約の枠組みでは処理しきれない問題だということを，依頼者と共有しておく必要があります。

　また，個人事業主，会社代表の場合と共通して，従業員がいる場合は，従

業員に対する処遇等の要素も加わってきます。事業を営んでいる場合，多くの利害関係者が存在することになりますので，それらに対してひとつひとつきめ細やかに対応していくことは，死後事務としてかなり難易度が高いと考えられます。具体的に発生しうる作業を想定のうえ，自身のスキル・キャパシティも含めて受任の可否を検討すべき事項ではないでしょうか。

●不動産所得がある場合の対策

　依頼者が貸家を所有している場合，不動産所得について確定申告を行っているはずです。この場合も，準確定申告に関する対策を行うとともに，賃借人や不動産管理会社の連絡先を確認しておく必要があります。貸家については，現物遺贈か換価かといった問題のほかに，相続開始後に生じる賃料収入（果実）の取扱いにも注意が必要です。民法992条では，「受遺者は，遺贈の履行を請求することができる時[5]から果実を取得する。ただし，遺言者がその遺言に別段の意思を表示したときは，その意思に従う。」としており，税務上，賃料収入は，不動産の現物取得者あるいは換価益の取得者に帰属し，不動産所得として確定申告が必要になると考えられます。遺言執行の実務上，貸家の新たな所有者が決定するまでの賃料は遺言執行者が受領・管理することになると考えられますが，その後，不動産所得の税申告を誰が行うことになるのかといったことを踏まえて，預り賃料の引渡し先を検討する必要があります。

5　通常は遺言者が死亡した時を指す。

国民年金・厚生年金保険　年金額改定通知書	
この通知書は、年金額を証するものです。**大切に保管してください。**	

年金の種類　　　　　　　　　　　　　　　　　　　年金

基礎年金番号		年金コード	

受給権者氏名

国民年金 (基礎年金)	基　本　額	円
	支給停止額	円
	年　金　額	円
厚生年金 保　　険	基　本　額	円
	支給停止額	円
	年　金　額	円
合計年金額（年額）		円

令和　2　年　6　月　1　日

印影

厚 生 労 働 大 臣

年金振込通知書
以下の金額を、ご指定の預貯金口座に振り込みます。 振り込みは令和　　年　　月から令和　　年　　月までの各偶数月に行われます。（「振込予定日」は裏面をご覧ください。）

年金の制度・種類　　　　　　　　　　　　　　　　年金

基礎年金番号		年金コード	

受給権者氏名

振込先

各支払期の支払額、年金から特別徴収（控除）される額および控除後振込額

	令和　　年　　月から 令和　　年　　月の 各期支払額	令和　　年　月 の支払額	令和　　年　月 の支払額
年　金 支払額	円	円	円
介　護 保険料額	円	円	円
所得税額および 復興特別所得税額	円	円	円
個　人 住民税額	円	円	円
控除後 振込額	円	円	円

※　8月以降の控除の決定額は、6月と同じ額を仮に記載しています。
　　決定額は、市区町村から送付される通知書でご確認ください。

令和　2　年　6　月　1　日

印影

厚生労働省
官署支出官　厚生労働省年金局事業企画課長

出典：日本年金機構ホームページ

年金のお知らせのハガキからは，年金額のほか，特別徴収されている介護保険料，国民健康保険料（後期高齢者医療保険料），所得税，個人住民税などの税額を併せて確認することができます。

🍃 葬儀方法の希望

【チェック項目】

☐　どのような形式で葬儀を行いたいか

☐　帰依している宗教や菩提寺などがあるか

☐　参列者の範囲をどうするか

☐　死亡通知を出す関係者の範囲

☐　指定の葬儀社があるかどうか

☐　棺に納めてもらいたい副葬品があるかどうか

【収集する資料・情報】

☐　葬儀社の見積書

☐　宗教者に支払う布施の目安

☐　参列者，死亡通知を出す関係者のリスト

☐　副葬品のリスト

☐　遺影用写真（画像データを含む）

　葬儀・火葬の施行は，依頼者本人の宗教的価値観を尊重しつつ，親族・知人等の関係者の精神的な影響にも配慮しなければならないという点で，死後事務のなかでも特殊な存在です。よって，葬儀方法を巡るクレームなど，トラブル発生のリスクを最小化するために入念な計画が必要となります。

　まず，読経等の宗教儀礼を行うのか，葬儀に呼ぶ参列者はどれくらいの人数にするかといった葬儀の形式を確認します。

「帰依する宗教も特にない」，「簡素で低廉に済ませたい」，「参列者はなしかごく少数でよい」，「形式張った葬儀はいらない」，と考える方が選択することになるのが，**セレモニー**の部分を省略し，遺体の火葬・収骨のみを行う「直葬」と呼ばれる葬法です。棺は火葬炉の前に直行し，参列者は火葬の直前に花を手向けるなどして，ごく短時間でお別れを済ませます。

　一方，火葬の前にセレモニーとしての葬儀を行う場合は，僧侶等の宗教者，葬儀社を交えて計画を練ります。また，祭壇に設置する遺影用の写真についても，参列者が故人の在りし日の姿を偲ぶためのものでもあるので，依頼者の意図しないものを選定するわけにはいきませんし，実務上，死亡から葬儀実施までの短い時間で一から選ぶことは困難ですから，依頼者に候補を選定してもらい，データ等を事前に預かっておきましょう。最近では，写真館で

プロのカメラマンに遺影用の写真を撮影してもらうサービスも流行っていますので，適当な写真がないという場合は，提案してみてもよいのではないでしょうか。

　帰依している宗教がある，菩提寺があるなど，特定の宗教者に祭礼を依頼したいという場合には，宗教者と顔合せをし，祭礼の段取り，お布施・献金の金額を確認します。親族以外の第三者が喪主となるのは特殊なケースですし，宗教者の立場としても，事前に受任者と面識を持ち，事情を把握しておくほうが安心です。

　お布施や献金の金額については受任者の裁量で決めてしまうとトラブルの元となるので，事前に妥当な範囲の金額を決めておきます。一般的にお布施や献金は宗教行為の一環とされており，各家庭の経済力に応じて納めればよいものなので，はっきりとした相場が存在するわけではありません。最近では「一般的には○○円程度お包みされる方が多いです」などと具体的な金額を提示してくれる宗教者も増えてきていますが，「お気持ちで結構です」と言われるケースも多くあります。依頼者の判断で金額を決められない場合は「失礼にあたらないように準備をしておきたい」と宗教者に対して率直に伝えるのが賢明です。

　葬儀社には葬儀プランについて相談のうえ，葬儀社の報酬，火葬場利用料等の実費経費，精進落としで提供する料理の料金，保棺日数による変動費などを含む葬儀費用の詳細な見積りを算出してもらいます。葬儀社に見積依頼する際は，「帰依する宗教によっては特定の葬儀社が指定されている場合があること」「互助会等の積立ては使途が限定されており，総額を賄えない可能性があること」に注意します。前者については依頼者，宗教者に確認し，後者については互助会の契約内容を確認し，積立てで賄える範囲，別途負担が生じる範囲を確認しましょう。

なお，依頼者の死亡後，受任者から関係者への連絡が必要になりますので，「葬儀に来てもらいたい人」「葬儀には呼ばないが死亡通知だけをしてほしい人」などをリスト化し，提供してもらいます。

　お気に入りの洋服や写真など，棺に納めて一緒に火葬したい遺品や思い出の品（副葬品）があるかどうかも希望を聞き，リスト化しておきます。ただし，燃焼を妨げる材質のものや，有害物質が発生するもの，危険物等は，一般的に副葬品として棺に入れることが禁止されています。副葬品として入れられないものは主に以下のとおりです。判断が難しいものについては，葬儀社や自治体に確認するとよいでしょう。

✿ 副葬品として入れられないもの

公害の原因となるもの	バッグや靴などのビニール素材，毛皮革素材，発泡スチロール，プラスチック製品，ゴム製品，ポリエステルなどの化学合成繊維製品，CD，ゴルフボール，などの石油化学製品	二酸化炭素やダイオキシン，悪臭が発生する原因となる。プラスチック製品などは，溶けて遺骨に付着し，変色させてしまう可能性もある
不燃物	金属製品，陶磁器，ビン，など	燃えないものは，原則不可
燃えにくいもの	大きなぬいぐるみ，スイカやメロンなど水分の多い果物類，大量の書籍や分厚い布団，など	燃えたとしても，大量の煤や灰が出たり，不完全燃焼を引き起こしたりする可能性がある
破裂や爆発の危険性があるもの	ペースメーカー，ライター，スプレー缶，密封された缶，電池，など	ペースメーカーが装着されている場合は，事前に係員へ申告が必要
炉の故障原因となり得るもの	釣竿，ゴルフクラブ，竹刀，テニスのラケット，杖，義肢装具などのカーボン製品	カーボンでできている製品は，電気炉のヒューズを飛ばし，停止させてしまう危険がある

●葬儀のプランニングにあたって

　葬儀は親族や参列者にとって，故人の死を悼み，受け入れ，乗り越えていくうえで重要なイベントとなります。一般的には，親族が故人を想って葬儀

の計画を立てていきますし，親族や参列者の感情の矢印は故人に対して向けられています。ですが，死後事務委任契約では，依頼者（故人）が葬儀をセルフプロデュースするという特性上，感情の矢印は自らの内面に向かいがちです。自分の死は自分だけのものであるという感覚になりやすく，親族や知人への思いやりといった感情が疎かになってしまいがちです。その結果，「誰も呼ばなくてよい」，「火葬だけでよい」といった依頼に繋がりがちです。その依頼に従って葬儀を施行した場合，一見，契約上は何の問題もありませんが，親族・知人等からは，「顔を見てきちんとお別れをしたかったのに…」「（直葬だったので）お別れの時間が短く悲しかった…」などと不満や怒り，落胆などの感情が湧き，その感情を受任者にぶつけられることもあります。この原因はもちろん，前述した感情のズレ・ギャップにあります。

　筆者は，直葬を希望する依頼者がいた場合，まず，「普段連絡を取り合ったり食事をしたりする関係の知人はいるか」などと交友関係を確認した後，（顔を思い浮かべてもらったうえで）「その人たちが亡くなったとしたら葬儀に参列したいか（顔を見てお別れをしたいか），葬儀に呼ばれなかったらショックではないか」といった質問をします。一般的な人情として回答はイエスになる場合が多いかと思われます。そして，「あなたがきちんとお別れをしたいと思っているのであれば，相手もあなたに対して同じ感情を向けてくれるのではないか？　その感情に配慮することは必要ではないか？」といった投げかけをします。親族・知人等多くの人との関わりのなかで生きているのだということを俯瞰して捉え，依頼者の感情の矢印を外に向けてみる試みです。

　もちろん，年齢が高くなるほど交友関係の輪は縮小していくことが考えられますし，金銭的に余裕がないといった事情や，「葬儀にお金をかけるより，できるだけ多く残して遺贈寄付に回したい」といった強いこだわりやポリシーがある場合は強要するものでもありません。受任者の立場からすると第5章（45ページ）で解説したトラブル発生のリスクに備えるという意味合いも

ありますが，依頼者が大切に想っている人たちを傷つけないための提案力も
プロとして重要になってきます。

❀ 感情の矢印を考える

依頼者

提案で外に向けてみる

友人・知人を思い浮かべてもらう

●献体を希望された場合

　献体とは，自らの遺体を，大学の医学部などの医療研究機関に提供するこ
とをいいます。提供された遺体は医学生や医師の解剖実習のための貴重な教

材となり，金銭的な寄付とは異なる形で医学の発展・研究のために貢献することができる志ある行為です。死後，献体に供された遺体は概ね1年〜3年の間に解剖され，大学側の費用負担によって火葬されます。火葬後の遺骨は遺族に返還されるか，大学が納骨堂を所有している場合は，そちらに合祀してもらうことも可能です。

　遺体の解剖に関するルールを定めた「死体解剖保存法」では，遺体の解剖には，原則として遺族の同意が必要（同7条）[6]とされており，死体解剖保存法の特別法となる「医学及び歯学の教育のための献体に関する法律（献体法）」では，死亡した者が献体の意思を書面により表示しており，かつ，「解剖を行おうとする大学（学部を含む）の長が，死亡した者が献体の意思を書面により表示している旨を遺族に告知し，遺族がその解剖を拒まない場合」（同4条1号）[7]「死亡した者に遺族がない場合」（同4条2号）に限り，遺族の同意がなくても実施できるとされています。

　献体を希望する際は，献体を行っている大学や団体に事前登録が必要にな

6　死体解剖保存法7条
　　死体の解剖をしようとする者は，その遺族の承諾を受けなければならない。ただし，次の各号のいずれかに該当する場合においては，この限りでない。（以下略）
7　医学及び歯学の教育のための献体に関する法律4条（献体に係る死体の解剖）
　　死亡した者が献体の意思を書面により表示しており，かつ，次の各号のいずれかに該当する場合においては，その死体の正常解剖を行おうとする者は，死体解剖保存法（昭和24年法律第204号）第7条本文の規定にかかわらず，遺族の承諾を受けることを要しない。
　　一　当該正常解剖を行おうとする者の属する医学又は歯学に関する大学（大学の学部を含む。）の長（以下「学校長」という。）が，死亡した者が献体の意思を書面により表示している旨を遺族に告知し，遺族がその解剖を拒まない場合
　　二　死亡した者に遺族がない場合

りますが，事前登録の際には親族の同意が求められるのが原則で，親族と疎遠にしており，協力を得ることができない依頼者については，たとえ本人が希望していたとしても献体が実現できない場合があります。また，献体は，県を跨がない（死亡者の住所地で実施する）のが原則的な取扱いとなっています。医学部のある大学が県内で一つというところも珍しくなく，地方と首都圏では選択肢に差が生じてしまうこともあるでしょう。

　献体の登録ができたとしても，交通事故等により損傷の激しい遺体，腐敗の進んだ遺体，感染症に感染している遺体については献体できない場合がある，遺骨の返還まで数年を要するためそれまで納骨ができない，といった制約を受けることも考慮しなければいけません。

　献体は志ある行為ですが，死後事務委任契約においては，「遺族の同意」という条件が高いハードルとなります。純粋に「医学の発展に貢献したい」という希望がある場合は，医療研究機関への遺贈（遺言による寄付）を検討するよう提案してみましょう。また，献体は「無条件・無報酬で」というのが原則ですから，葬儀費用の節約というメリットを求めて利用することは厳に慎みましょう。

遺骨の取扱いの希望

【チェック項目】

☐　墳墓等への埋蔵を希望するか，散骨を希望するか

☐　希望する墓地や霊園，散骨の場所があるか

☐　現在，親族の遺骨が埋蔵されている墳墓の名義人になっているか

☐　宗教上のポリシー・こだわりがあるか

【収集する資料・情報】

☐　墓地・霊園の料金表（埋蔵・収蔵時の手数料），管理規約，使用権利証

□　散骨事業者の見積書

　遺骨の取扱方法も葬儀方法の選択と同様，依頼者本人の宗教的価値観により さまざまな選択肢がありますが，葬儀の場合と違い，墓埋法や墓地・霊園 との契約関係のほか公共の福祉によるさまざまな制約があるので注意が必要 です。

●**墓埋法による制限**

　墓埋法では遺骨を必ず墳墓に納めることと定めていませんが，受任者の手 元でずっと保管しておくことは現実的ではないので，基本的には墳墓等への 埋蔵を選択することになります。

　墓埋法4条1項では，「埋葬又は焼骨の埋蔵[8]は，墓地以外の区域に，これ を行つてはならない。」としており，墓地とは「墳墓を設けるために，墓地 として都道府県知事（市又は特別区にあつては，市長又は区長。以下同じ。）の許 可を受けた区域をいう。」（同2条5項）としています。つまり，埋葬又は遺 骨の埋蔵ができるのは**墓地として許可を受けた区域内のみ**になりますので， 自宅の庭などの私有地や山林，公園等で行うことはできません。

●**土葬は禁止されている?**

　墓埋法では，「死体を土中に葬ること」＝「埋葬」と定義しており，法律上， 遺体を火葬せずに土葬することが禁止されているわけではありません。過去 の日本では土葬も主流の葬法でしたが，土葬に必要な用地面積の問題と衛生 面の問題から火葬が主流となり，現代では99.9％の遺体が火葬されていま

8　墓地，埋葬等に関する法律（墓埋法）では埋葬について「死体を土中に葬ること」と 　定義しており，墳墓に遺骨（焼骨）を納めることは「埋蔵」，納骨堂に遺骨を納めること 　は「収蔵」と定義しています。

す[9]。また，墓地の設置基準を定める各自治体の条例や規則で土葬禁止区域を指定しているケースもあり，土葬ができる墓地を見つけることが困難なことから，ほとんどの依頼者は「わざわざ」土葬を希望・選択することはないでしょう。

　土葬が問題となると考えられるのは，依頼者がムスリム（イスラム教徒）の場合です。イスラム教では，教義により生前の肉体を損なう火葬を禁忌としており，日本国内でムスリムが亡くなった場合には，土葬ができる墓地が数えるほどしかなく，その確保が大きな課題となっています（住み慣れた地域で墓地が見つからないケースが多い）。極めて稀なケースかと思いますが，ムスリムの方から相談を受けた場合は，墓地の選定について特に注意を払う必要があります。

●墓地・霊園との契約による制限

　一般的な墳墓のイメージは，墓地・霊園にある家墓（○○家の墓として，その家の家族の遺骨を納める形式の墳墓）ですが，これは墓地・霊園の土地を利用する権利（墓地使用権）を契約で取得することによって所有できるものであり，「他人（墓地・霊園）が所有する土地上に自己所有の墳墓を建立する」ということで，借地権に似た契約スタイルと理解していただくとよいかと思います。借地権と異なるのは契約の存続期間で，祭祀承継者（墓地・霊園との契約関係を承継する者）がいる限り，半永久的に維持することが可能であることが原則です。このため墓地使用権は「永代使用権」と呼ばれることもあります。

9　厚生労働省ホームページ「令和2年度　埋葬及び火葬の死体・死胎数並びに改葬数，都道府県－指定都市－中核市（再掲）別」参照：http://www.mhlw.go.jp/toukei/list/36-19.html

　受任者を祭祀承継者に指定して半永久的に維持管理を依頼するというのは現実的ではありませんし，そもそも使用規則や約款で親族以外への権利承継を認めていない墓地・霊園もあります。

　また，依頼者以外の親族が契約者となっている家墓に埋蔵を希望する場合，墓地・霊園に依頼して埋蔵手続を行うのは当該親族になるため，親族の協力がなければ実現できませんし，契約者が代替わりしてしまえば事前承諾は意味をなさなくなります。

　「家族が眠る実家の墓に入りたい！」という希望は実現を保証できないため，必ずBプランを用意しておく必要があります。

写真提供：まごころ価格ドットコム

●基本は永代供養墓を選択する

　墳墓等への埋蔵を希望する場合，死後事務委任契約では原則として「永代供養墓」への埋蔵を選択します。永代供養墓は墓地・霊園が建立及び維持・管理を行い，祭祀承継者の存在を前提としない墳墓で，家墓を持つことができない人の受け皿として数を増やしています。契約時（又は埋蔵時）以降，管理費の支払い等，受任者の関与を要しないのがメリットです。

　一般的な永代供養墓は，大型の供養塔のような外観になっており，通常の家墓と同じように参拝することができます。中身は他の遺骨との合同墓という作りになっており，土中に埋蔵（合祀）される方式が一般的ですが，骨壺ごとに7回忌まで，33回忌までなどと，一定期間安置するスペースを備え

写真提供：霊園・墓石のヤシロ

写真提供：仙臺納骨堂

ているものもあります。

　永代供養墓のなかには樹木葬方式を取るものもあります。樹木葬は，地面
に穴を掘り，そのなかに遺骨を埋めるもので，その上に墓標代わりの樹木を
植えたり花壇を作ったりします。遺骨はやがて自然に還る……という考えか
ら人気を集めている新しい葬法です。先ほど解説したように，墓地以外（私
有地や山林等）での遺骨の埋蔵は禁止されているため，樹木葬が実施できる
のは，樹木葬専用の区画を備えている墓地・霊園のみとなります。

　永代供養墓の他には，納骨堂に遺骨を収蔵する方法も選択肢の一つです。
納骨堂は遺骨を収蔵するための施設として都道府県知事等の許可を受けたも

の（墓埋法2条6項）[10]で，墳墓というより建物の一部又は全部を遺骨安置の場所とする「室内施設」にあたります。墓地・霊園に比べて同じ面積の土地でもより多くの遺骨を受け入れることができるため使用料が安く，都市部に建設されることが多いため参拝が容易という特徴があります。保管方法によって，ロッカー式（骨壺を個別に安置する区画がコインロッカーのように区切られているもの）や棚式（棚に骨壺を並べるもの），仏壇式（個別の安置スペースが仏壇であるもの）などさまざまなタイプがあります。一定の契約期間が経過した後は，個別安置から合祀に切り替えられるのが一般的で，承継者を要しないという点で，永代供養墓に似た特徴があります。

墳墓等への埋蔵・収蔵については，その方法，場所，料金によってさまざまな選択肢があります。また，埋蔵・収蔵の手続きに遺族・関係者等の立会いができない（預けられた遺骨を，墓地・霊園の任意のタイミングで埋蔵・収蔵する）としている所もあるため，遺族等にとっては思いがけず，淡白なお別れになってしまうという可能性もあります。特に，交際相手など近しい関係者がいる場合は，依頼者の死を受け止め，消化していく時間や機会が持てるよう，心情への配慮が必要です。

また，永代供養墓や納骨堂の運営主体が宗教法人（団体）である場合，その宗教の信徒であることが契約の条件になっていたり，当該法人が永代供養墓の維持・管理及び埋蔵されている故人の供養を行っていくという前提があったりするため，これらの選定にあたっては，埋蔵等に付随する宗教行為について，委任者のポリシー，墓地・霊園の運営ルール双方に注意を払う必要があります。

10　墓地，埋葬等に関する法律2条6項
　　この法律で「納骨堂」とは，他人の委託をうけて焼骨を収蔵するために，納骨堂として都道府県知事の許可を受けた施設をいう。

　依頼者に希望の墓地・霊園がない場合は，墓地紹介事業者に情報提供を受けたうえで，提案するのが効率的です。人気の永代供養墓や納骨堂は予約で枠が埋まってしまうことがあるため，希望する永代供養墓や納骨堂が見つかったら，必ず生前契約をしてもらいましょう。生前予約が完了したら，墓地や納骨堂から使用権利証や利用規約が発行されますので，受任者が内容を控えておきます。永代供養料は生前契約の際，依頼者が支払いを済ませておきますが，埋蔵・収蔵時には所定の手数料，墓碑銘の彫刻料などの経費がかかる場合があります。また，納骨法要等を併せて依頼する場合には，宗教者

写真提供：まごころ価格ドットコム

への布施の支払いも必要になります。死後事務の執行費用の算定にあたっては，これら事後的にかかる諸経費の金額を確認しておきましょう。

●家墓の契約者の場合は墓じまいを検討する

　依頼者が墓地の使用契約者（名義人）である場合，承継者の途絶えた墳墓の処分，整地や遺骨の改葬などについて墓地・霊園に多大な負担を強いる可能性（墓埋法施行規則３条[11]による）があります。このような場合は，寺院の住職や霊園の管理者と，家墓の整理や埋蔵されている遺骨の改葬などの**墓じまい**について対策を協議しましょう。

　同じ墓地・霊園内の永代供養墓に遺骨を改葬すれば，手続きがスムーズですが，遺骨を取り出したうえ，散骨するという選択肢もあります。

　墓じまいは，依頼者の生前に済ませておくのが最善ですが，依頼者が死亡するまでは家墓を維持し，依頼者死亡後に受任者が手続きをするという選択肢もあります。後者の場合，墓地・霊園の利用規約による制限を受けることとなりますので，管理者と手続きの可否について協議，確認を行います。

11　墓地，埋葬等に関する法律施行規則３条
　死亡者の縁故者がない墳墓又は納骨堂（以下「無縁墳墓等」という。）に埋葬し，又は埋蔵し，若しくは収蔵された死体（妊娠４月以上の死胎を含む。以下同じ。）又は焼骨の改葬の許可に係る前条第１項の申請書には，同条第２項の規定にかかわらず，同項第１号に掲げる書類のほか，次に掲げる書類を添付しなければならない。
　一　無縁墳墓等の写真及び位置図
　二　死亡者の本籍及び氏名並びに墓地使用者等，死亡者の縁故者及び無縁墳墓等に関する権利を有する者に対し１年以内に申し出るべき旨を，官報に掲載し，かつ，無縁墳墓等の見やすい場所に設置された立札に１年間掲示して，公告し，その期間中にその申出がなかつた旨を記載した書面
　三　前号に規定する官報の写し及び立札の写真
　四　その他市町村長が特に必要と認める書類

✿ 改葬の基本的な流れ

① 移転先の寺院・霊園と契約をする。

⇩

② 移転先の寺院・霊園管理者より墓地使用許可証又は受入証明書を発行してもらう。
（改葬対象の遺骨を受け入れることの証明）

⇩

③ 現在の墓を管理している寺院・霊園関係者に改葬の事情を説明する
（①に先立って相談をする場合もある）。

⇩

④ 現在の墓の所在地の市区町村役場で改葬許可申請書の用紙を取得する。

⇩

⑤ 現在の墓を管理している寺院・霊園関係者から埋蔵証明書（改葬対象の遺骨が当該霊園で埋蔵されていることの証明）を発行してもらう（改葬許可申請書の用紙に埋蔵証明の記名押印をしてもらう形式もある）。
　寺院の場合，「離檀料」を請求され，支払いがなければ証明書を発行しないなどの対応をされ，トラブルになるケースがある。

⇩

⑥ 改葬許可申請書，埋蔵証明書，移転先墓地の使用許可証等を添付し，現在の墓の所在地の市区町村役場に提出し，改葬許可証の交付を受ける。

⇩

⑦ 寺院・霊園と日程調整をし，遺骨の取り出し・引き取り，墓石の撤去作業を行う（作業は石材店が行い，取り出し作業，撤去費用等は申請者が負担する），遺骨の取り出し・引き取り作業時には，改葬許可証を提示する。併せて墓の閉眼供養（抜魂法要）を行うのが一般的で，布施の支払いも必要。

⇩

⑧ 移転先の寺院・霊園に遺骨を埋蔵・収蔵する。移転先の寺院・霊園には改葬許可証を提出する。

※　現在の墓がある寺院・霊園の同一敷地内にある永代供養墓等に改葬する場合，原則として改葬許可申請は不要。また，離檀を巡るトラブルに発展するリスクも低い。

※　取り出した遺骨を散骨する場合，墓埋法で定義する改葬にはあたらないため，原則として改葬許可申請は不要（墓地所在地の市区町村役場に要相談）。

●散骨の選択肢

　家墓への埋蔵を選択できない人の選択肢の一つとなるのが，散骨です。一般的には，墓地への埋蔵や納骨堂への収蔵に比べて，選択される件数の少ない葬法ではありますが，筆者と契約する依頼者のうち4割から5割が散骨を希望していることからも，死後事務委任契約においてはポピュラーな葬法の一つといえます。樹木葬と同じく，**遺骨が自然に還る**という考えに憧れたり，**「おひとりさまだし，そもそも墓参りに来る人がいないのだから，お墓は不要だ。」**といった考えがあったりすることが，人気の要因となっています。

　散骨は墓埋法施行時において想定されていない葬法で，同法のなかで散骨を直接的に規制する条文はありません。刑法190条との関係においては，1991年，法務省から「葬送の祭祀として節度をもって行う限りは遺骨遺棄にあたらない。」という見解（非公式ではありますが）が出されたと言われています。また，厚生労働省からは，2021年に「散骨に向けたガイドライン（散骨事業者向け）」が公表され（第6章（94ページ）を参照），節度を持って行われる限りは葬送文化の一つとしての散骨を容認し，積極的に法規制を行っていく方向性でないことが伺えます。

　現状，直接的に規制されている葬法ではありませんが，墓埋法の趣旨や刑法190条の保護法益を鑑み，国民の宗教的感情や公衆衛生を害するなど，公共の福祉に反する形で行われるようになると，今後，墓地埋葬行政の規制対象になることも考えられます。

　実際に，東京都福祉保健局のホームページでも，法規制はされていないが，①海や川での散骨では水産物などへの風評被害が生じるおそれがあること，②山での散骨では，土地所有者や近隣の人とのトラブルが生じたり，撒かれた骨を目にした人からの苦情や農産物への風評被害のおそれがあること，などを紹介し，こうしたトラブルが生じないよう宗教的感情に十分配慮するよう注意を促しています[12]。また，地方自治体の一部では条例で散骨に関する

規制を設けている場合もあります。

　トラブル防止の観点から陸上散骨は原則として避ける必要がありますし，海洋散骨の実施にあたっては，散骨事業者やその提携事業者が航行可能な海域でしか実施できないという制約が加わることになります。散骨のプラン選択において，依頼者には「どこでも好きな場所で散骨ができるわけではない」「他者の宗教的感情など，公共の福祉に配慮する必要がある」ということを理解してもらうことが重要になります。

　海洋散骨は，実施する海域のほか，船を貸し切るのか（チャーター散骨），他の葬家と合同で散骨するのか（合同散骨），受任者等が立会いせず事業者に散骨を委託するのか（委託散骨）によって料金が変わるので，散骨に立会いを希望する遺族・知人等の有無，予算規模によって選択します。散骨事業者によっては，散骨体験クルーズ（体験乗船会）を実施しているところもありますので，依頼者と一緒に参加してイメージを深めたり，散骨事業者のサービスレベルを確かめたりすることも重要です。

　立会人として，宗教者に乗船してもらい，読経や祈祷を行ってもらうということもプランニング可能です。依頼者が希望する場合は，宗教者と事前に打ち合わせをして了承を得ておきましょう。

12　東京都福祉保健局ホームページ：https://www.fukushihoken.metro.tokyo.jp/kankyo/eisei/bochitou/ryuuijikou.html

写真提供：株式会社ハウスボートクラブ

　筆者自身も何度か海洋散骨に立ち会ったことがありますが，故人（の遺骨）を手ずから海に還すことができるのが永代供養墓や納骨堂への埋蔵・収蔵にはない特徴であり，特に依頼者に身近な関係者がいる場合には，散骨式に参加することで心の整理・区切りがつく，といったグリーフケアの面において高い効果を発揮することを実感しています。遺骨の処分方法としてだけではなく，葬儀の延長線上にあるセレモニーとして，海洋散骨（散骨式）を利用するという視点や提案も重要です。

写真提供：株式会社ハウスボートクラブ

健康状態

【チェック項目】

☐ 　持病や既往歴，障害，手術歴の有無及びかかりつけ医

☐ 　服用薬の種類

☐ 　ペースメーカーや人工関節などが入っているか

【収集する資料・情報】

☐ 　国民健康保険証，健康保険証，後期高齢者医療保険証，介護保険証，
　　障害者手帳その他各種受給者証の写し

☐ 　近隣の総合病院の差額ベッド代の相場

☐ 　持病の症状及び服用薬の効能

　健康状態によるリスク，緊急性を確認するため，また，緊急入院の際など，医療機関への申送りをスムーズにするため，病歴等を確認します。持病や服用薬についてはインターネットで検索すれば「どういった症状の病気・障害か」「何の症状に対する薬で，どういった効能があるか」といったことをすぐ調べることができます。服用薬に関する情報も含めて押さえておくことで，現在の病状の程度や治療方針など，健康状態把握の精度が上がります。

　ペースメーカーや人工関節が体に入っているかどうかは必ず確認しましょう。ペースメーカーは，心臓に持病がある方の心臓が正常に働くよう手助けをする機械ですが，体内に取り残されたまま火葬すると破裂し，火葬炉の損傷や，火葬炉を管理する炉士が怪我をするといった事故を巻き起こす危険があります。火葬前に病院で取り除くことが推奨されていますが，親族の同意がなければできないため，実務上はそのまま火葬するケースが多いかと思います。事故を未然に防ぐため，葬儀社を通じて火葬場に伝える申送事項として，記録しておきます。チタン等の人工関節については火葬後に燃えずに残っ

てしまいます。骨壺に入るサイズであれば遺骨と一緒に納めることも不可能ではありませんが，自然に還らない人工物ですので，樹木葬や海洋散骨を予定している場合は，火葬場で処分してもらうことを検討する必要があります。稀なケースかとは思いますが，漏れなく確認しておきましょう。

健康保険証や介護保険証，障害者手帳などは，死亡後に発行元に返却する必要があるので，依頼者が持っているものをリスト化しておきます。また，依頼者の年齢，収入による高額医療費の自己負担額，近隣の総合病院の差額ベッド代などを参考に，死亡時に清算が必要な入院費について見積りします。

●精神疾患を持つ依頼者への注意

依頼者のなかには何らかの精神疾患を抱えており，それが要因で家族・親族と疎遠であったり孤立していたりするケースがあります。精神疾患と一括りに言ってもその病名・症状はさまざまであり，ここで医学的な解説をすることは筆者の専門とするところではありませんが，実務で押さえておかなければいけないポイントは，「他者に対する過度な依存」を症状に持つ方もいるということです。

依頼者がそれまで孤立・孤独を味わっていた分，唯一の信頼できる人間となった受任者に対して，日常生活における些細な問題や，少しでも不安を感じたことについて，「なんでも頼りきってしまう」依存傾向に陥ることがあり，筆者自身，「時間帯に関係なく，一日に何度も電話やメールが来る」といった日常業務や生活に支障を来す事態を経験したことがあります。また，少しでも電話やメールの対応が遅れると，攻撃的な性格になり，猛烈にクレームを受けるといったこともありました（その方とは結局，正式に受任していない）。

「依頼者との適度な距離感」は依頼者，受任者双方の信頼関係を長く維持していくために重要なポイントです。精神疾患を抱える人全てを一律にフィ

既往症	症状	発症年	対応	現状	
大腿骨頸部骨折		○○年	手術	治癒	
胃がん		○○年	手術	治癒	
適応障害	ある生活の変化や出来事がその人にとって重大で，普段の生活がおくれないほど抑うつ気分，不安や心配が強く，それが明らかに正常の範囲を逸脱している状態。ストレス因から離れると症状が改善することが多くみられるのが，うつ病との違い。ストレス因の除去，行動療法，薬物療法などによって治療する。	○○年	通院治療	治療中	
過活動膀胱	「急に我慢できないような尿意が起こる」「トイレが近い」「急にトイレに行きたくなり，我慢ができず尿が漏れてしまうことがある」などの症状を示す病気。神経トラブルが原因のもののほか，原因が特定できないものが多く存在する。薬物療法，行動療法，電気刺激治療などがある。	○○年	通院治療	治療中	
膵嚢胞性病変	膵臓の内部や周囲にできる様々な大きさの「袋」のことで，症状はなくCTやMRI検査などにより偶然発見されることの多い病気。悪性度の高い癌に変化することがあるので，経過観察が必要。	○○年	通院治療	経過観察	
陳旧性心筋梗塞	30日以上前に急性心筋梗塞を起こしており，その後の病状が安定した慢性期の状態。心筋梗塞の再発予防，心不全の管理，不整脈の管理などが中心的な治療となる。	○○年	カテーテル治療	経過観察	

受診病院	診療科	担当医	服用薬	効果・副作用
○○メンタル クリニック	精神科	○○○○	ソラナックス 0.4mg	脳の興奮などを抑えることで不安，緊張，不眠などを改善する薬 眠気，ふらつき，頭痛などの副作用があらわれる場合あり
			半夏厚朴湯（はんげこうぼくとう）	のどのつかえ感や異物感を改善するとともに，気分を落ち着ける効能がある
○○泌尿器 クリニック	泌尿器科	○○○○	ウリトスOD錠 0.1mg	神経伝達物質アセチルコリンの働きを阻害する作用（抗コリン作用）により膀胱の過剰な収縮を抑え，神経因性膀胱や過活動膀胱などによる尿意切迫感や頻尿などを改善する薬
○○大学 付属病院	消化器内科	○○○○		
○○大学 付属病院	循環器内科	○○○○	バイアスピリン錠 100mg	抗血小板剤 血栓・塞栓形成の抑制
			ビソプロロールフマル塩酸錠2.5mg	血圧，心拍数などを抑えることで高血圧，狭心症，頻脈性不整脈などを改善する薬
			エナラプリルM錠5	体内の血圧を上げる物質（アンジオテンシン）の働きを抑えて血圧を下げる薬
			アムロピジン錠 5mg	末梢血管や冠動脈を広げることで血圧を下げたり，狭心症の発作を予防する薬

ルタリングするわけではありませんが，対人対応には医学的な知識も必要となりますから「自信がない…」と感じた方については受任しないという決断も必要です。

保険契約の状況

【チェック項目】
- □　生命保険，医療保険，損害保険等の契約状況
- □　各保険の保証内容

【収集する資料・情報】
- □　保険証券の写し
- □　保険契約の約款

死亡時に解約手続が必要な保険契約の種類と件数を把握するとともに，ライフプランニング上，重要なものとムダなものを選別し，見直しの提案を行います。

生命保険で執行費用を賄うことを検討する場合は，第5章（70ページ）で解説した注意点に沿って契約内容を確認し，保険会社に保険金請求手続に関する問い合わせを行います。

なお，一般的な死後事務委任契約の内容であれば，執行費用の総額は200万〜300万円程度となるのが通常です。依頼者が契約済の生命保険の活用を検討する際，死亡保険金が必要額を大幅に超える金額に設定されている場合は，保障額の見直しなど，保険料負担を圧縮することを検討します。

🌿 住居の状況

【チェック項目】

□　持ち家か賃貸かという住居の権利関係

□　家賃，管理費などの住居費の月額

【収集する資料・情報】

□　賃貸借契約書の写し

□　大家，不動産管理会社，管理人，保証会社の連絡先

□　合鍵の本数，種類（現物を預かる又は撮影しておくなど）

□　ポストの解錠方法

　依頼者が死亡し，住居の明渡しまでの期間（3カ月程度）に支払いを要する家賃，管理費などの住居費や大家，不動産管理会社，管理人，保証会社の連絡先などを確認します。合鍵についても契約時に引渡しを受けた所定の本数を返却する必要があるため，契約書の記載内容も参照しつつ確認しておきましょう。合鍵を事前に預かっておくかどうかはセキュリティ上の問題もありますので，依頼者と相談して取り決めます。また，依頼者死亡後に郵便物を回収する必要があるため，ポストの解錠方法についても確認しておきましょう。

　一般的な不動産賃貸借契約では，賃借人からの解約予告期間は1か月に設定されていることが多く，依頼者の死亡後，直ちに契約解除通知をした場合，そこから1か月分の賃料を支払うとともに，1か月以内に遺品整理及び引渡しを完了させれば，本来はOKです。しかし，依頼者宅に送付される役所からの各種通知，カード会社の請求書・利用明細書，DMや通販カタログ等の郵便物については，**郵便法の規定**[13]**により，受任者宛に転送設定をすること**

ができないという問題を考慮しなければなりません。以前は，ネット上で転居届を行う「e転居」のサービスを利用すれば，本人の体（てい）で転送設定をしてしまうことも物理的に可能でしたが，現在は，顔写真付の身分証明書データの送信後，スマートフォン等で撮影した自撮画像の送信を求められるなど，不正防止のためにセキュリティが強化されています。また，郵便局の窓口ではなく，ハガキを投函する方式で提出する転居届がなされた場合も，転居元，転居先に郵便局員が訪問して転居の事実を確認するなどの対策をしており，なりすましによる転居届を防止しています。このため，適法に依頼者宛に送付される郵便物を確認・受領するためには，依頼者宅のポストを直接確認しに行くという方法を取らざるを得ません。カード会社の請求書は，依頼者の口座が凍結され，引落しができなくなってから送付されることが基本ですし，役所からの還付通知，納付通知等も死亡届から一定の事務処理期間を経て送付されます。実務（執行）の場面では，役所の窓口訪問時，カード会社への問合せ時等に，「書類を受任者宛に送付してほしい」という旨を個別に粘り強く交渉しておくことも並行して行いますが，死後，1〜2か月程度を経て送付される郵便物を確実に受領するため，3か月程度バッファを設けておくこと（不動産賃貸借契約を維持すること）が望ましいでしょう。「ポスト機能」だけに着目して部屋を借り続けることは不経済であり，執行費用総額も増加してしまいますが，上記の内容を依頼者にも理解してもらう説明が必要になります。

　また，住居に関する契約に準じたものとして，駐車場や駐輪場の利用契約があれば，解約や利用料の清算が必要なため，詳細を確認しておきます。

13　郵便法40条（郵便物の還付）
　受取人に交付することができない郵便物は，これを差出人に還付する。
　（※受取人の相続人であっても転送設定をすることはできない）

🍃 遺品の取扱い

【チェック項目】

☐　住居の間取り，家財道具の数等

☐　形見分けの対象にしたい物品があるかどうか

☐　遺品の寄付や換価を希望するかどうか

☐　祭祀財産の処分方法をどうするか

☐　家具・家電製品等のレンタル品があるかどうか

☐　パソコンやスマートフォン内のデジタルデータをどう取り扱うか

【収集する資料・情報】

☐　遺品整理事業者の見積書

☐　レンタル品のリスト（物品の写真，所有者の氏名・名称と連絡先など）

☐　重要書類・各種パスワードの保管場所

　持ち家の換価，賃貸借契約の解除のいずれにおいても，自宅の明渡し前に居室内の家財道具等を完全に撤去する遺品整理を行うことになります。遺品整理にかかる費用を算出するため，遺品整理業者を依頼者宅に呼び，見積りを行います。自宅に業者を入れることに抵抗を感じる依頼者の場合は，間取りや家財道具の数等のデータを参考に机上見積りをすることも不可能ではありませんが，見積りにブレが生じるので，できるだけ自宅を訪問させてもらうようにします。

　「愛用の着物を友人に譲りたい」といった形見分けの希望や，有価物の寄付，換価の希望など，遺品を廃棄物として取り扱わない方法についても検討します。

また，仏壇，位牌，神棚など祭祀財産がある場合も，通常の廃棄物として取り扱うのではなく，**お焚き上げ**などの特別な処分方法を検討します。祭祀財産の引取りや処分について，遺品整理事業者や寺院，神社等の宗教者と相談します。

　家具・家電製品などのレンタルサービスを利用していたり，知人等から借りたり預かったりしている物品がある場合は，所有者への返却が必要になりますので，誤って処分してしまわないよう，リストを作成してもらいます。

　パソコンやスマートフォンといった遺品は個人情報の宝庫なので，ハードディスク等の記憶媒体を物理的に破壊する，専門業者にデータを消去してもらうといった処分方法を検討します。一方で，Amazonプライムなどの定額課金（サブスクリプション）サービス等，契約解除が必要なオンラインサービスや，仕事の関係者に引き継ぎが必要な重要なデータが入っている場合もありますので，一定の範囲に限って受任者がデータにアクセスできるようにする，依頼者のパソコンやスマートフォンを操作しなくても重要情報を知覚できるようにする，などの対策を検討する必要があります。具体的には，依頼者宅のどこに重要書類やパスワード等のメモを保管しておくか，取り決めをしておくことが考えられます。

🌿 各種契約の状況

【チェック項目】
- □　公共サービス，クレジットカードなど各種契約の契約状況
- □　月々の利用料金，支払方法

【収集する資料・情報】

□　サービスの利用明細，契約書，領収書など（できれば数カ月分）

□　預金通帳の写し（保有する通帳の全ページ分）

電気，ガス，水道などの公共サービス，固定電話・携帯電話，ネット接続サービス，新聞・雑誌などの定期購読，クレジットカードなど，死亡後に解約，利用料金の清算が必要なサービスの種類，件数，月々の利用料金を確認します。

また，現金払い，口座引落し，カード決済など支払方法についても確認しておきます。クレジットカードで決済するサービスは，そのサービスを解約し，利用料金の清算を終えないと（カード会社への請求が完全に終わった後でないと）クレジットカード本体の解約が完了しません。死後事務の手順にも関わるので注意が必要です。

クレジットカードなど月単位で利用額が大きく変動するサービスもありますので，利用明細や通帳の写し（口座引落しの履歴）については一定期間分を提供してもらい，平均値を把握しておきましょう。

利用明細等の記載からカスタマーセンターの連絡先やお客様番号など，解約の申込みに必要な情報を確認しておきます。特に，ネット上で解約手続を行うオンラインサービスについては詳しく手順を確認しておきます。

🍃 税金の支払状況

【チェック項目】

□　住民税，国民健康保険料，固定資産税，自動車税等の税額

□　確定申告の有無

【収集する資料・情報】

□　納税通知書，納税証明書

□　給与明細，年金のお知らせ

　住民税，国民健康保険料，固定資産税，自動車税など，**賦課課税方式**の税金は，死亡時に未払いとなっているものを債務として清算する必要があるので，年額を確認しておきます。

　住民税は前年の所得に応じてその年の1月1日時点で生存している人に，固定資産税はその年の1月1日時点の不動産所有者に，自動車税（軽自動車税）はその年の4月1日時点の自動車やバイクの所有者にそれぞれ課税される仕組みであるため，死亡時点で納付書が届いていない場合でも支払義務が発生する点に注意しましょう。国民健康保険料は亡くなった月までに未納のものがあれば支払義務が生じます。

●**準確定申告について**

　勤務先から源泉徴収されている給与所得者（年収2,000万円以下）や年金収入が400万円以下でその他の所得が20万円以下の方を除き，自営業者や不動産収入などの所得がある方については，準確定申告について検討しなければいけません。

　具体的な対策には，本章の「職業，勤務先，収入」を参照してください。

 SNS・オンラインアカウントの利用状況

【チェック項目】

□　利用しているサービスのうち削除希望のもの

□　有料サービスの利用状況

【収集する資料・情報】

□　利用しているアカウントのID，ユーザー名，メールアドレス等

　Facebook，Twitter，Gmail，YahooメールなどのSNSやフリーメールアドレスのうち，削除を希望するものを確認します。これらのアカウントは一身専属的な性質を持ち，本人しか利用できないものですが，各サービス独自に，利用者死亡後に遺族や代理人からのアカウント削除申請に関するルールを設けています。

　Facebookでは，生前に「追悼アカウント管理人」を指定でき，Google（Gmail）では「アカウント無効化ツール」で，一定期間，アカウントを利用しなかった場合にアカウントを自動削除することを設定することができますが，ほとんどのサービスでは原則として利用者死亡後に削除申請を行うことになります。

　削除申請の際は，利用者の死亡を証明する資料（戸籍謄本等）や，代理人の権限を証明する資料（契約書の写し等）を事業者に提出することになりますが，偽名やハンドルネームでアカウント登録がされている場合や匿名性の高いサービスの場合，利用者本人と紐づけをすることができず，削除申請が承認されない場合があります。

　削除申請の確実性を高めるためには，①本名で登録する，②生年月日，住所，連絡先等の登録欄があればできるだけ正確に記入する，といった対策のほか，利用しているアカウントのID，ユーザー名，メールアドレスを「利用者本人のものである」と委任契約書の文面や署名付の目録等で記録しておくことが重要になってくるでしょうが，最終的には事業者の判断に委ねられることになります。

　受任者が本人から預かったIDやパスワードを使ってアカウントにログイ

ンし，本人の体で直接アカウント削除をするのが確実ですが，利用規約上，本来は認められていない方法なので注意が必要です。

ペットについて

【チェック項目】

□　ペットを飼育しているかどうか

□　引き取り先の希望や目途があるかどうか

□　ペットの持病等の健康状態

□　マイクロチップ装着の有無

【収集する資料・情報】

□　引き取り先の施設，団体等に関する情報（飼育料を含む）

□　近隣のペットホテルと料金

□　予防接種の証明書

□　マイクロチップ情報の登録証明書

　ペットを飼育している場合は，依頼者が先に死亡した場合に備えて，引き取り先となってくれる知人や団体について目途をつけ，引き取りの条件となる飼育料の金額や，飼育料を負担付遺贈等の方法で残すことを検討します。ペットの種類によりますが，年齢が比較的若ければ里親探し（一般家庭への譲渡）の仲介をしてくれる団体への譲渡，比較的高齢であれば，里親探しが困難になるため，終身飼育施設への譲渡などを検討する必要があります。譲渡時には団体又は施設所定の飼育料（あるいは寄付）の支払いが必要になるケースが一般的ですので，料金を調べておきましょう。ペットは人間より年を取るスピードが速いため，将来予測が立てづらいのですが，年齢ごとに対応を検討しておくことが重要です。

　また，受任者の住宅事情等によっては，一時的な保護・飼育が難しいことも考えられますので，依頼者の死亡から相手方への引き渡しまでの期間，ペットを一時的に預けておけるペットホテル等のサービスについても検討しておきます。

　ペットの引き取りについては，インターネット等で情報収集を行うほか，かかりつけの動物病院で相談することも可能かと思います。依頼者が愛情を持って飼育しているペットですから，信頼できる人や団体かどうか慎重に判断することが必要です。なお，団体によっては，施設の規模が小さいため，安全面の配慮により，小型犬と大型犬を一緒に飼育することができないとするところもあります。大型の動物は引取りにあたって一定の制約を受ける場合がありますので，問合せ時に確認をしておきましょう。

　ペットの保護施設では多くの動物が集団生活をしているため，伝染病・感染症などのリスクが持ち込まれることについて警戒感を持っています。引き取りにあたっては，狂犬病等の予防接種を受けているかの証明を求められることが原則（ペットホテル利用時も，予防接種証明の提示を求められるケースがある）ですので，証明書等を確認しておくとともに，依頼者には，毎年分の接種証明を保管・提示してもらいましょう。

手数料領収書
（狂犬病予防定期集合注射用）

（申請者用）

所有者（管理者）

161-0033
新宿区下落合2-5-13

金額　￥550-
内訳　狂犬病予防注射済票交付手数料＠550×1件

税務太郎　　様

上記の金額を領収いたしました。

飼い犬について

所在地	新宿区下落合2-5-13		
種類	MIX		
毛色	茶		
名	ケイリ		
生年月日	平成19年4月18日	性別	メス
犬鑑札番号	＊＊＊＊＊		

手数料領収印
※

領収印のないものは無効

　なお，動物愛護及び管理に関する法律の規定により（動物愛護管理法39条の2）[14]，2022年6月1日以降，ブリーダーやペットショップは犬・猫を販売

14　動物愛護管理法39条の2（マイクロチップの装着）

　1　犬猫等販売業者は，犬又は猫を取得したときは，環境省令で定めるところにより，当該犬又は猫を取得した日（生後90日以内の犬又は猫を取得した場合にあつては，生後90日を経過した日）から30日を経過する日（その日までに当該犬又は猫の譲渡しをする場合にあつては，その譲渡しの日）までに，当該犬又は猫にマイクロチップ（犬又は猫の所有者に関する情報及び犬又は猫の個体の識別のための情報の適正な管理及び伝達に必要な機器であつて識別番号（個々の機器を識別するために割り当てられる番号をいう。以下同じ。）が電磁的方法（電子的方法，磁気的方法その他の人の知覚によつて認識することができない方法をいう。）により記録されたもののうち，環境省令で定める基準に適合するものをいう。以下同じ。）を装着しなければならない。ただし，当該犬又は猫に既にマイクロチップが装着されているとき並びにマイクロチップを装着することにより当該犬又は猫の健康及び安全の保持上支障が生じるおそれがあるときその他の環境省令で定めるやむを得ない事由に該当するときは，この限りでない。

　2　犬猫等販売業者以外の犬又は猫の所有者は，その所有する犬又は猫にマイクロチップを装着するよう努めなければならない。

する際にマイクロチップを装着し，情報の登録をすることが義務付けられました[15]。また，ペットショップ等から犬・猫を購入した飼い主は，所有者の「変更登録[16]」を行う必要があります。既に犬・猫を飼育している方に対しては，マイクロチップの装着・情報の登録は努力義務となっており，任意となっています。マイクロチップの装着は獣医師が行い[17]，獣医師が発行する「マイクロチップ装着証明書」の情報を，指定登録機関に登録します。登録を行うと「登録証明書」のダウンロードが可能になりますが，犬・猫を保護団体に譲渡する際には，再度，変更登録が必要となり，登録証明書が必要となりますので，登録証明書の写しをもらっておきましょう。

15　「犬と猫のマイクロチップ情報登録」は，逸走時の犬や猫の返還率の向上や返還の効率化，管理責任の明確化を通じた適正飼養の推進を目的としている。また，生後91日齢以上の犬については，市区町村への狂犬病予防法に基づく登録が義務付けられているが，犬の所在地を管轄する市区町村が「狂犬病予防法の特例」制度に参加していれば，生後91日齢以上の犬が「犬と猫のマイクロチップ情報登録」から登録を受けた際に，指定登録機関からその市区町村に，登録された犬の情報や所有者情報が通知される。

　　登録された所有者情報は犬や猫の所有権を明らかにするためのものではなく，登録により交付される登録証明書は当該犬や猫の所有権を証明する書類ではない。

16　動物愛護管理法39条の6（変更登録）

　　次に掲げる者は，環境省令で定めるところにより，犬又は猫を取得した日から30日を経過する日（その日までに当該犬又は猫の譲渡しをする場合にあつては，その譲渡しの日）までに変更登録を受けなければならない。

　　一　登録を受けた犬又は猫を取得した犬猫等販売業者

　　二　犬猫等販売業者以外の者であつて，登録を受けた犬又は猫を当該犬又は猫に係る登録証明書とともに譲り受けたもの

17　動物愛護管理法39条の3（マイクロチップ装着証明書）

　　獣医師は，前条の規定により犬又は猫にマイクロチップを装着しようとする者の依頼を受けて当該犬又は猫にマイクロチップを装着した場合には，当該マイクロチップの識別番号その他環境省令で定める事項を記載した証明書（次項及び第39条の5第3項において「マイクロチップ装着証明書」という。）を当該犬又は猫の所有者に発行しなければならない。

❀ 犬や猫の所有者のマイクロチップ装着・情報登録の流れ（販売ルート）

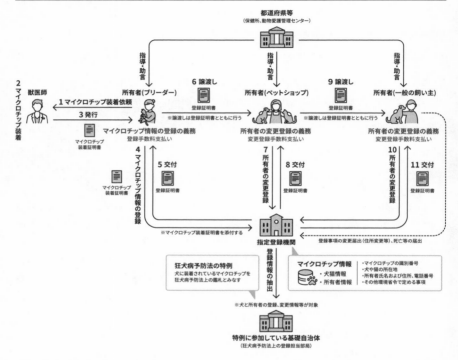

出典：環境省ホームページ（https://reg.mc.env.go.jp/owner/microchip_registration_system）

　依頼者から必ず聞いておくべき事項は以上の13項目になります。かなり多くの個人情報を根掘り葉掘り聞くことになり，「私（受任者）の前で裸になってください。」というのも同然です。ですから，各ヒアリング事項について，「どういった目的のために聞くのか」という説明をすることが，本音（正確な情報）を引き出すために重要になります。全ての項目を細かく聞き取っていくと2，3時間要することもザラにあります。具体的なヒアリングは正式依頼後に行うのがよいでしょう。

152

✤ マイクロチップ登録証明書サンプル

様式第 24（第 21 条の 7 第 3 項関係）

第　　　号

登録証明書

動物の愛護及び管理に関する法律第 39 条の 5 第 1 項の登録をする。
よってこの証明書を交付する。

環境大臣指定登録機関
公益社団法人 日本獣医師会

登録日：　　　年　　　　月　　　　日

01.	登録を受けた犬又は猫に装着されている マイクロチップの識別番号		
02.	暗証記号		
03.	犬又は猫の別	□犬	□猫
04.	犬又は猫の品種		
05.	犬又は猫の毛色		
06.	犬又は猫の生年月日	年　　　　月　　　　日	
07.	犬又は猫の性別	□雄（オス）	□雌（メス）

本登録証明書は、今後の申請や届出の際に必要となりますので、お手元で大切に保管してください。

登録内容の更新は、こちらより行ってください。

https://reg.mc.env.go.jp/

お問い
合わせ先
犬と猫のマイクロチップ情報登録
環境大臣指定登録機関
公益社団法人 日本獣医師会

TEL：03-6384-5320
Email：info@mc.env.go.jp

備考：この登録証明書の用紙の大きさは、日本産業規格A4とすること。

出典：環境省ホームページ（https://reg.mc.env.go.jp/owner/microchip_
registration_system）

また，相続や葬送，埋蔵等に関するプランを最初から具体的に持っている依頼者ばかりでもありませんから，健康状態等の状況にもよりますが，初回相談から受任（公正証書の完成）までを数カ月のスパンで考え，じっくりと時間をかけて決めていくのが理想です。

　これらの情報を取りまとめ，依頼者の考えを整理するのに有効なツールがエンディングノートです。あらかじめ必要事項をまとめておいてもらい，打ち合わせを効率よく進めていく工夫も必要です。

🌿 マネープランニング（収支のリスト化と改善策の提案）

　第5章（59ページ）でも解説しましたが，死後事務委任契約の設計にあたっては，依頼者の安定した生活の維持を実現するとともに，資産状況の悪化により契約を維持できなくなるリスクを避けなければいけません。

　このため，依頼者からのヒアリング事項や提供された資料のうち，収入に関する事項，生活費等の支出に関する事項は一覧化し，年間収支，月間収支を計算します。特に年金生活者の場合は，赤字を計上しながら（蓄えを取り崩しながら）生活している方も多くいますが，その場合は，現在の保有資産額，年間の赤字額と平均余命[18]を基に算定した死亡までの累計赤字予想額を比較し，「現在の赤字額が契約の設計上許容できる範囲なのか」を検討し，要注意と思われる場合は，「毎月の赤字額をどれくらい圧縮できれば安全か」という目標設定を行います。そのうえで，収入・資産を増やす方法（パートタイムで働く，低リスクの資産運用を行うなど），作成したリストを基にムダな支出を減らす方法の提案を行います。また，依頼者自身が「現在の収支状況をどの程度把握しているのか（家計に関する認識）」「危機感を共有できるか」「収支改善の意欲があるか」といった意識の部分も確認し，受任者の立場から見て依頼者を信頼できるかどうかの判断材料にもします。こうしたコンサル

ティング業務を行うことによって，遺言書や委任契約書といった書類の作成報酬以外に付加的な報酬を請求できる根拠になる，というメリットもあります。

　ファイナンシャルプランナーの有資格者であれば，その強みを生かしてさまざまな提案ができるでしょうし，自身で提案業務を行うことが難しければ，保険のライフプランナーに保険（保障）の見直しについて助言を求めたり，住居の住み替え，リバースモーゲージ[19]やリースバック[20]などを検討する場合は不動産業者に助言を求めたりしてみるなど，提携する事業者の力を借りてみましょう。

　支出額を減らす対策は，「金額の大きいところから手を付ける」「本人が取り組める範囲で」というのが基本になります。水光熱費等のライフラインに関する支出や食費を減らす（おかずを一品減らす…）などの対策は，依頼者のストレスの割に効果が乏しく，長続きしないリスクもあるので注意が必要です。

　住居費に関しては，家計の中で大きな割合を占める傾向にありますが，「住み慣れた家を離れたくない」というニーズが強い場合や，既に公営住宅に暮

18　ある年齢の人があと何年生きる可能性があるかという期待値を表す指標。厚生労働省が作成・公表する「完全生命表」と「簡易生命表」により知ることができる。

　　「完全生命表」は，国勢調査による人口（確定数）と人口動態統計（確定数）による死亡数，出生数を基に 5 年ごとに作成し，「簡易生命表」は，人口推計による人口と人口動態統計月報年計（概数）による死亡数，出生数を基に毎年作成している。

　　国勢調査年については，まず「簡易生命表」を作成し，国勢調査の結果（確定数）の公表後に「完全生命表」を作成しており，完全生命表は生命表の確定版という性格を持っている。また，これらの生命表は，特に重要な統計として，統計法に基づき基幹統計に指定されている。

　　ちなみに，「平均寿命」とは，その年に生まれた人（0歳児）の平均余命のことを言い，国の保健福祉水準を示す指標となっている。乳幼児死亡率は他の年代に比べて高い傾向にあるため，平均寿命が他の年代の平均余命に比べて最長とは限らない。

らしており，今より条件のよい物件に出会うのが難しい，転居に係る経費が
住居費圧縮効果を上回る（住み替えのメリットがない）といった場合には，住
み替えの提案が適切ではないこともあるので，ケースバイケースでの判断が
必要になります。

　趣味への多額の出費など浪費傾向がある場合は，長年積み重ねてきたライ
フスタイルや性格を変えることが困難な場合が予想され，収支の改善が難し
い場合もあります。その場合も，支出をゼロにする提案ではなく，「月○回
までにしてみましょう」「月○万円までと予算を決めましょう」などと提案
することで，依頼者も取り組みやすくなるかもしれません。とはいえ，あら

19　自宅不動産を担保に生活資金を借り入れて住み続け，借入人が死亡したときに，担保
　　となっていた不動産を処分し，借入金を返済する仕組み。
　　　住宅ローンは一括で受領した融資を月々返済していき，最終的に借入れ残高がなくな
　　るが，リバースモーゲージでは，毎月あるいは一括で借り入れた残高を最後にまとめて
　　返済するという違いがあるため「リバース（逆）」「モーゲージ（抵当）」という名称が
　　つけられている。
　　　相続財産として不動産を残すことはできないが，老後の生活資金に必要なまとまった
　　現金を得ることができる。
　　　一方，契約にあたっては相続人の同意が必要になる（借入人の死亡後，相続人が借入
　　金を一括返済するか担保物件を売却するかを選択する）というデメリットや，担保物件
　　の価値が下落すれば融資限度額が見直されるといったリスクがある。
20　正式にはsale leasebackといい，自宅などの不動産を第三者（投資家や不動産会社）
　　などに売却し，売却先と賃貸借契約を結んで，元の所有者がそのまま住み続ける仕組み
　　のことをいう。
　　　売却によって，まとまった現金を得ることができ，売却後も慣れ親しんだ家に住み続
　　けることができるというメリットがあり，かつ，リバースモーゲージが条件に合わない
　　場合でも利用できる。また，受任者にとっては，遺言執行時に不動産の換価処分等をす
　　る手続き負担がなくなるというメリットがある。
　　　一方，買主に利益がでなければ仕組みとして成立しないため，一般的に「普通に売る
　　より売却額は低い」「普通に借りるより賃料は高い」という傾向になりやすい。

ゆる方策を検討しても将来にわたって懸念材料が残るという場合には，依頼をお断りするという判断が必要になるかもしれません。

報酬の設定

　依頼者から聞き取った情報や希望をもとに葬儀代等の実費経費，委任事務報酬の見積りを行い，依頼者に準備してもらう執行費用総額を算定します。実費経費については必要なものを積算していけばよいのですが，報酬についてははっきりした相場があるわけではないので設定が非常に難しいところです。

　筆者の場合は，サービスの内容（委任事務の内容）とそれに対応する報酬を細分化する工夫をしています。依頼者によって必要な委任事務の内容やボリュームはさまざまですが，必要な分だけの**従量制**とすることで，柔軟な契約の設計が可能になり，報酬請求の根拠も明らかになるというメリットがあります。

　具体的な金額については，実際の業務経験をもとに，作業のボリュームや拘束時間，難易度を基準に決定しています。特に死亡直後の緊急対応や葬送に関する事務については，業務発生の突発性，依頼者の看取りや関係者との対応など直接的に死に向き合う精神的負担という要素を加味して厚めの設定にしています。

　もちろん，筆者の設定が業界標準というわけではありませんし，契約当事者双方が自由に取り決めることができるものですが，あまりにも廉価で請け負うと**割に合わない**と感じることになりますから，第 9 章「実務の流れ」をご覧いただき，具体的な業務内容をイメージしつつ報酬額を決定していただければと思います。

○○様（69歳男性） 年間収支表

妻と2019年に死別し，現在は妻と二人で暮らしていた賃貸マンションに暮らしている。

年	月	年金支給額	企業年金	家賃	駐車場代	電気・ガス	水道	○○新聞	NTT(固定)
2019年	10月	¥352,414		¥-105,000	¥-11,000		¥-3,312		¥-8,636
	11月			¥-105,000	¥-11,000	¥-13,762		¥-4,037	
	12月	¥352,481		¥-105,000	¥-11,000	¥-11,247	¥-4,176	¥-4,037	¥-8,616
2020年	1月		¥37,125	¥-105,000	¥-11,000	¥-11,366		¥-4,037	
	2月	¥349,168		¥-105,000	¥-11,000	¥-14,741	¥-3,372	¥-4,037	
	3月		¥37,125	¥-105,000	¥-11,000	¥-17,221			
	4月	¥349,062		¥-105,000	¥-11,000		¥-5,135		
	合計	¥1,403,125	¥74,250	¥-735,000	¥-77,000	¥-68,337	¥-15,995	¥-16,148	¥-17,252
	月平均	¥175,391	¥18,563	¥-105,000	¥-11,000	¥-13,667	¥-3,999	¥-4,037	¥-8,626
	年額予想	¥2,104,688	¥222,750	¥-1,260,000	¥-132,000	¥-164,009	¥-47,985	¥-48,444	¥-103,512

※上記収支表には，食費，医療費，服飾費，交際費を算入していません。

	預金残高	年間収支
2016年1月	¥23,565,145	
2017年1月	¥21,516,694	¥-2,048,451
2018年1月	¥19,804,082	¥-1,712,612
2019年1月	¥19,167,959	¥-636,123
2020年1月	¥23,478,362	¥4,310,403
	年平均増減（16～19年）	¥-1,465,729
	月平均増減（16～19年）	¥-122,144

KDDI(携帯)	NHK	国保料	自動車税	医療保険1	医療保険2	自賠責保険	自動車任意保険	○○カード	
¥-15,676	¥-4,460	¥-15,200		¥-15,870				¥-486	
		¥-15,200		¥-15,870				¥-495	
¥-7,376	¥-4,460	¥-15,200		¥-15,870				¥-495	
¥-7,464		¥-15,200		¥-15,870	¥-21,620	¥-25,830	¥-39,480	¥-495	
¥-7,462	¥-4,460	¥-15,200		¥-15,870				¥-495	
			¥-45,400						
¥-37,978	¥-13,380	¥-76,000	¥-45,400	¥-79,350	¥-21,620	¥-25,830	¥-39,480	¥-2,466	収支
¥-9,495	¥-2,230	¥-15,200	¥-3,783	¥-15,870	¥-1,802	¥-1,645	¥-3,290	¥-495	¥-6,186
¥-113,934	¥-26,760	¥-182,400	¥-45,400	¥-190,440	¥-21,620	¥-19,740	¥-39,480	¥-5,940	¥-74,226

[考察]
○奥様の遺産や死亡保険金を受領した2019年の収支は例外として，2016年から19年までの貯蓄額の推移を確認したところ，年平均146.5万円，月平均12.2万円の赤字となっています。

○このままのペースで貯蓄が減少すると，単純計算で16年ほどで貯蓄が底をつくことになります。

○今後の介護施設・高齢者住宅等への住居移転資金のことを考慮すると，できるだけこの貯蓄額を維持していただけたらと思います。

○家計の中で大きな割合を占めているのが自動車関連の費用（駐車場代，税金，保険料※燃料費，車検代除く）です。車を手放した場合，単純計算で年間25万円ほどの節約になります。

　長年使用し，愛着があるとのことでしたが，長期的な視点で見た時には，自動車を手放すタイミングについて検討をする必要があるかと思われます。

○医療保険①に加入されていますが，後期高齢者医療保険に加入（75歳～）された場合，医療費の自己負担限度額が引き下げられますので，医療保険の扶助が必ずしも必要とはいえなくなります。

　同医療保険を解約した場合，年間19万円ほどの節約になります。

吉村行政書士事務所の報酬額規定（2020年春現在）

サービスの内容	報酬額
死亡直後（当日）の緊急対応 依頼者の死亡直後に必要な次の手続きを行う。 1．病院・入所施設等から死亡又は危篤の連絡を受け，現地へ駆けつけ 2．葬儀社へ連絡を取り，遺体搬送の手配 3．指定の関係者への死亡通知，会葬の案内 4．死亡診断書の受領，死亡届の提出，火葬許可の取得 5．病室，居室内の私物整理・引き取り	15万円 ※旅行中，出張中などに死亡した場合，国内の場合5万円，海外の場合10万円加算
葬儀・火葬に関する手続き 葬儀の主宰（喪主）として，指定された方法で葬儀・火葬を行い，宗教者，参列者との対応や遺骨の収骨を行う。	10万円 ※葬儀の規模により変更することも要検討
納骨・散骨に関する手続き 火葬後の遺骨を，指定された方法で埋蔵，収蔵又は散骨する。依頼者が家墓の権利者である場合は，墓じまい（改葬）を行う。	10万円 ※墓じまいを行う場合は+1件分として料金を加算
行政機関発行の資格証明書等返納手続 国民健康保険証，介護保険証，運転免許証など行政機関の発行する資格証明書，受給者証等の返納を行う。	1件あたり1万円
勤務先企業・機関の退職手続 勤務先企業・機関の担当者と連絡調整し，未払給与の清算，貸与物の返還など退職に伴う諸手続を行う。	5万円
入院費・入所施設利用料の清算手続 未払分（死亡月分）の入院費，入居費の清算を行う。	1契約あたり2万円
不動産賃貸借契約の解約・住居引渡しまでの管理 不動産所有者，管理会社等と連絡調整し，不動産賃貸借契約の解約（附帯する火災保険契約，保証契約の解約を含む）と引渡し当日までの鍵の管理，家賃・敷金の清算を行う。	5万円 ※駐車場，駐輪場の契約の場合は1件あたり2万円
住居内の遺品整理 住居内の遺品を撤去するとともに，貴重品を選別・保管する。	5万円

公共サービス等の解約・清算手続 電気ガス水道のほか，電話，インターネット接続サービス，クレジットカード等の各種契約の解約，利用料金の清算を行う。	1契約あたり2万円
未払いの税金の納税手続 納税管理人に就任し，住民税，固定資産税などの賦課課税の税金の納付を行う	1税目あたり2万円
SNS・メールアカウントの削除 SNSやメールアカウントの削除を行う。	1アカウントあたり1万円
関係者への死亡通知 友人，知人ほか指定の関係者（相続人ほかその他の事務で通知する関係者を除く）への死亡通知を行う。また，郵便物の郵送停止依頼を行う。	1件ごとに1,000円
ペットの里親探し・終身飼育施設への引渡し 保護団体等を通じて里親探しを行う。高齢で里親が見つからない場合は，終身飼育施設への引渡しを行う。	5万円

🍃 公証役場の手数料

　委任契約書を公正証書で作成する場合は，公証人手数料令所定の手数料が必要となります。

　契約書等，法律行為に係る証書作成の手数料はその目的の価格（その行為によって得られる利益（他方から見ると不利益ないし義務）を金銭で評価したもの）を基準に算定されますが，従量制・変動制の報酬額規定を設定し，報酬額がいくらになるか定かでない場合（契約の性質上，目的の価格を算定することができない場合）は，500万円とみなす（手数料令16条）[21]とされており，それに対

21　公証人手数料令16条　（算定不能の場合の法律行為の目的の価額）

　　法律行為の目的の価額を算定することができないときは，その法律行為の目的の価額は，500万円とみなす。ただし，その法律行為の目的の最低価額が500万円を超えることが明らかなときはその最低価額とし，その法律行為の目的の最高価額が500万円に満たないことが明らかなときはその最高価額とする。

応する手数料は1万1,000円となります。死後事務委任契約，生前の委任契約において，従量制・変動制の報酬額規定を設定した場合は，1契約あたり1万1,000円の手数料となります。また，任意後見契約は，報酬の定めがある場合でも，契約の性質上目的の価格が算定不能であるとして，1契約あたり11,000円の手数料となります（任意後見契約の場合は，任意後見契約に係る登記嘱託料1,400円（手数料令39条の2）[22]と収入印紙代2,600円が加算される）。

　見守りなど生前の委任契約から移行型の任意後見契約，死後事務委任契約を併せて締結する場合，目的の異なる3種類の契約を締結することになりますので，1万1,000円×3＝3万3,000円が基本の手数料となります。ただし，死後事務委任契約において報酬額を固定した場合は，その金額が目的の価格になります。また，生前の委任契約において，月毎の報酬額を固定した場合は，その金額の2倍×12カ月分×10年分が目的の価格となります（手数料令11条1号[23]，同13条[24]）。

22　公証人手数料令39条の2（登記の嘱託）
　　登記の嘱託についての手数料の額は，1400円とする。
23　公証人手数料令11条1号（給付に係る法律行為の目的の価額）
　　給付に係る法律行為の目的の価額は，次の各号に掲げる区分に応じ，当該各号に定める額とする。
　　　一　当事者の双方の嘱託によるとき　当事者の双方がするべき給付の価額を合算した額。ただし，当事者の一方がするべき給付のみが金銭を目的とするものであるときは，その給付の額の2倍の額
24　公証人手数料令13条（定期給付に関する給付の価額）
　　1　法律行為が定期の給付を目的とするときは，その給付の価額は，全期間の給付の価額の総額とする。ただし，動産の賃貸借及び雇用については5年間，その他の法律行為については10年間の給付の価額の総額を超えることができない。
　　2　前項の定期の給付につき期間の定めがないときは，その給付の価額は，同項ただし書に規定する法律行為の別に従いそれぞれの期間の給付の価額の総額とする。
　　（以下略）

　予備的受任者を置く場合はさらに，委任者（甲）と主たる受任者（乙）間の契約，委任者（甲）と従たる受任者（丙）間の異なる契約を締結するという解釈となりますので，手数料は上記の金額×2（任意後見契約に係る登記嘱託料，収入印紙代も2倍）という計算になります。

　公正証書が委任者の自宅や病院など，公証役場外で作成される場合は，上記の手数料は5割加算（手数料令32条）[25]となるほか，出張日当として1万円＋交通費が加算されます（手数料令43条）[26]。

　法律行為に係る証書の作成についての手数料については，証書の枚数が法務省令で定める枚数の計算方法により4枚（法務省令で定める横書の証書にあっては，3枚）を超えるときは，超える1枚ごとに250円が加算されます（手数料令25条）。[27]また，正本，謄本等の交付についても，用紙1枚ごとに250円の手数料が加算されます（手数料令40条）[28]。予備的受任者を置く場合は，契約書正本の作成通数も増えることとなりますので，用紙の枚数による加算額も増えることとなります。

25　公証人手数料令32条（証書の作成が病床でされたことによる加算）
　　証書の作成が嘱託人の病床においてされたときは，前2節の規定による手数料の額（第19条第1項，第25条又は第30条の規定の適用がある場合にあっては，これらの規定による加算前の額）にその額の10分の5の額を加算する。
26　公証人手数料令43条（日当及び旅費）
　　公証人は，その職務を執行するために出張したときは，次に掲げる日当及び旅費を受けることができる。
　　一　日当　1日につき2万円。ただし，4時間以内のときは，1万円
　　二　旅費　交通に要する実費の額及び宿泊を要する場合にあっては，国家公務員等の旅費に関する法律（昭和25年法律第114号）第21条第1項の規定により一般職の職員の給与に関する法律（昭和25年法律第95号）第6条第1項第11号に規定する指定職俸給表の適用を受ける職員に支給される宿泊料に相当する額

✿ 法律行為に係る証書作成の手数料（公証人手数料令9条別表）

目的の価額	手数料
100万円以下	5000円
100万円を超え200万円以下	7,000円
200万円を超え500万円以下	11,000円
500万円を超え1,000万円以下	17,000円
1,000万円を超え3,000万円以下	23,000円
3,000万円を超え5,000万円以下	29,000円
5,000万円を超え1億円以下	43,000円
1億円を超え3億円以下	4万3,000円に超過額5,000万円までごとに1万3,000円を加算した額
3億円を超え10億円以下	9万5,000円に超過額5,000万円までごとに1万1,000円を加算した額
10億円を超える場合	24万9,000円に超過額5,000万円までごとに8,000円を加算した額

実際の手数料計算例　（委任者・甲，主たる受任者・乙，従たる受任者・丙の3者により，（生前の）委任契約，任意後見契約，死後事務委任契約を締結する場合）

- ・　（生前の）委任契約　…甲-乙　→1万1,000円
- ・　（生前の）委任契約　…甲-丙　→1万1,000円
- ・　任意後見契約…………甲-乙　→1万1,000円
- ・　任意後見契約…………甲-丙　→1万1,000円
- ・　死後事務委任契約……甲-乙　→1万1,000円
- ・　死後事務委任契約……甲-丙　→1万1,000円

27　公証人手数料令25条（証書の枚数による加算）

　　法律行為に係る証書の作成についての手数料については，証書の枚数が法務省令で定める枚数の計算方法により4枚（法務省令で定める横書の証書にあっては，3枚）を超えるときは，超える1枚ごとに250円を加算する。

28　公証人手数料令40条（正本等の交付）

　　証書の正本若しくは謄本，証書の附属書類の謄本又は定款若しくはその附属書類の謄本の交付についての手数料の額は，1枚について250円とする。

- ・　超過枚数（原本分）…20枚　　→　　5,000円
- ・　正本交付手数料　25枚×3通　→1万8,750円
- ・　登記嘱託料……1,400円×2　　→　　2,800円
- ・　収入印紙代……2,600円×2　　→　　5,200円

合計　…　9万7,750円

第8章

遺言・契約書の重要条文

🍃 死後事務委任契約を前提とした遺言の重要条文

　この章では，死後事務委任契約の契約書そして死後事務委任契約を前提とした遺言書を作成する際の重要条文を紹介していきます。第2章で解説したとおり，遺言と契約双方で内容が矛盾抵触しないよう，むしろ双方を補完するような内容に作り上げていきます。

　なお，予備的な遺言執行者＝予備的な受任者を置く設定で構成しています。

【死後事務委任契約を前提とした清算型遺言（不動産を所有していない場合）】

遺言公正証書

　本公証人は遺言者○○の嘱託により，証人○○，同○○の立会いをもって，次の遺言の趣旨の口述を筆記し，この証書を作成する。

第1条　遺言者は，遺言者の有する預金（□□銀行□□支店の普通預金，口座番号：＊＊＊＊＊＊＊），不動産賃貸借契約に係る敷金債権，過払保険料等の還付金を含む一切の財産を，後記遺言執行者において換価させ，下記債務及び費用を弁済又は支払わせた後の残余金を，公益財団法人Ａ（会社法人等番号：省略，主たる事務所：省略），特定非営利活動法人Ｂ（社会法人等番号：略称，主たる事務所：略称）に各2分の

1ずつの割合で遺贈する。

　　ただし，遺言者所有の家財道具その他の動産のうち，換価ができないもの又は無価値と認められるものについては，後記遺言執行者にその処分方法を一任する。

［債務及び費用の表示］

①　遺言者の葬儀，火葬，納骨等の葬送に係る諸費用

②　遺言者に係る租税公課，入院費等医療費，日常家事債務その他一切の債務

③　遺言者（委任者）と遺言執行者（受任者）との間で締結する委任契約及び任意後見契約並びに死後事務委任契約の委任事務費用及び受任者に対する報酬

④　本遺言の執行に係る諸費用

⑤　遺言執行者の報酬

第2条　遺言者は，本遺言の遺言執行者として次の者を指定する。

　　住　所　＊＊＊＊

　　職　業　行政書士（登録番号：＊＊＊＊＊＊＊＊号）

　　氏　名　□□　□□

　　　　　昭和＊＊年＊＊月＊＊日生

2　前記□□□□が遺言者の死亡以前に死亡した場合，又は疾病等のやむを得ない事情で遺言執行事務を行えない場合，又は遺言者と前記□□□□が別途締結する委任契約及び任意後見契約並びに死後事務委任契約が解除されている場合，遺言者は，本遺言の遺言執行者として次の者を指定する。

　　住　所　＊＊＊＊

　　職　業　行政書士（登録番号：＊＊＊＊＊＊＊＊号）

氏　名　△△　△△

昭和＊＊年＊＊月＊＊日生

3　遺言執行者は，遺言者の契約する貸金庫の開披及び内容物の収受を行う権限，本遺言に係る預貯金等金融資産その他一切の財産の換価，名義変更，解約，払戻し，その他本遺言の執行に必要な一切の行為をする権限を有する。

4　遺言執行者は，その任務を開始したときは，遅滞なく，遺言者の相続人に就任の通知を行うとともに，遺言書の写し及び財産目録を交付するものとする。

5　遺言執行者は代理人を定め，本遺言の執行に必要な事務を行わせることができる。

6　遺言執行者に対する報酬は，遺産総額に応じて下記規定のとおり算定するものとし，遺言執行者は前条の遺産の引渡しに先立ち，遺言執行に要した諸費用と併せて，遺産の中から支払いを受けることができるものとする。

　　なお，遺産総額の算定においては，前条の財産の中から前条の債務及び費用の弁済又は支払いに充てた金額を控除するものとする。

（執行報酬の定めは記載を省略）

7　遺言執行者は，遺言執行事務の終了の際，次の事項を記載した書面を作成し，遺言者の相続人に報告しなければならない。

①　遺言者の全ての遺産とその金額の明細

②　各受遺者に引き渡した遺産とその金額の明細

③　遺言執行のために行った措置及び費用の支出

④　遺言執行報酬の収受

清算型遺言は，相続財産の全部又は一部を換価処分し，その相続財産をもっ

て相続債務等の弁済又は支払いを行った後，その残余金を遺贈するものです。

　本条項例は，第5章（78ページ）で紹介した，執行費用の「委任者管理方式」に対応するもので，受任者は，遺言者（委任者）の死亡後，遺言執行者としての立場で，受遺者に相続財産を引き渡すまでの**中間管理**として，相続財産管理用口座に預金の払戻しを受けることで死後事務に必要な費用を支払うことが可能になります。

　第1条の前段では，遺贈の対象となる財産として，執行費用管理口座を，代表的な預金口座として記載するほか，敷金，還付金など，不動産賃貸借契約の解約，保険契約の解約といった死後事務を想定した内容を盛り込みます。

　遺言執行者に債務の弁済や葬儀費用の支払い**だけ**をさせるという条件では遺言として成立しませんので，後段では，残余財産の帰属先（受遺者）について言及します。

　但書きでは遺品整理に触れ，換価を基本としながらも，財産的価値が乏しい家財道具の処分（廃棄処分）に関する権限を遺言執行者（受任者）に与え，死後事務委任契約を補強しています。ただし，一定の財産的価値のある動産の形見分けについて希望がある場合は，相続人とのトラブルを防止するため，対象の動産や相手方について別途，指定したほうがよいでしょう。

　遺言者（委任者）の相続人，債権者その他の利害関係人にとっては，遺言と委任契約の優劣や法的な位置づけを即座に理解することは容易ではなく，その理解・解釈に要する時間が，遺言執行，死後事務の進行を遅らせることになります。［債務及び費用の表示］では，死後事務委任契約に関連する項目を網羅的に記載し，遺言と死後事務委任契約が矛盾・抵触していないこと，遺言執行者の立場としても受任者の立場としても，死後事務を執行する権限があることを利害関係人に示し，スムーズな受入れを狙っています。よって

実務上は，遺言執行者として，受任者として，という立場や権限が必ずしも明確に区別されない場面もあるでしょう。

　第2条では，遺言執行者の指定その他遺言執行に関する条件を記載します。遺言執行者の権限（民法1012条1項[1]），遺言執行報酬（民法1018条1項[2]）のほか，就任時の通知（民法1007条2項[3]，民法1011条1項[4]），任務完了後の報告（民法1012条3項[5]において準用する民法645条[6]，民法1020条[7]において準用する同654条[8]及び655条[9]）など，遺言執行者の義務に関する規定も盛り込んでおきます。

1　民法1012条1項（遺言執行者の権利義務）
　　遺言執行者は，遺言の内容を実現するため，相続財産の管理その他遺言の執行に必要な一切の行為をする権利義務を有する。
2　民法1018条1項（遺言執行者の報酬）
　　家庭裁判所は，相続財産の状況その他の事情によって遺言執行者の報酬を定めることができる。ただし，遺言者がその遺言に報酬を定めたときは，この限りでない。
3　民法1007条2項（遺言執行者の任務の開始）
　　遺言者は，その任務を開始したときは，遅滞なく，遺言の内容を相続人に通知しなければならない。
4　民法1011条1項（相続財産の目録の作成）
　　遺言執行者は，遅滞なく，相続財産の目録を作成して，相続人に交付しなければならない。
5　民法1012条3項（遺言執行者の権利義務）
　　第644条から第647条まで及び第650条の規定は，遺言執行者について準用する。
6　民法645条（受任者による報告）
　　受任者は，委任者の請求があるときは，いつでも委任事務の処理の状況を報告し，委任が終了した後は，遅滞なくその経過及び結果を報告しなければならない。
7　民法1020条（委任の規定の準用）
　　第654条及び第655条の規定は，遺言執行者の任務が終了した場合について準用する。
8　民法654条（委任の終了後の処分）
　　委任が終了した場合において，急迫の事情があるときは，受任者又はその相続人若しくは法定代理人は，委任者又はその相続人若しくは法定代理人が委任事務を処理することができるに至るまで，必要な処分をしなければならない。

遺言執行に係る諸費用，遺言執行報酬については，遺贈に先立ち相続財産のなかから控除することとなりますので，実質的には第1条の「債務及び費用」にあたりますが，分離して記載します。

　遺言執行報酬については定額とする，遺産総額に応じて変動するなど，当事者間の合意によって取り決めることができます。筆者は後者を選択していますが，債務及び費用を控除した正味の相続財産を基準にすることによって，報酬の取り過ぎを抑止しています。

●清算型遺贈の注意点

　遺贈には特定の財産を指定して（一定の権利に限って）遺贈する「特定遺贈」，相続財産の全部又は一定の割合を遺贈する「包括遺贈」があります。包括遺贈では，「包括受遺者は，相続人と同一の権利義務を有する。」（民法990条）という規定により，権利と共に債務も受遺者に承継させるという効果が発生することになります。清算型遺贈では，遺言執行者においてあらかじめ相続債務の清算を終えてから遺贈を行うため，一見，権利のみの遺贈に見えますが，受遺者から除外された相続人には相続債務を負担させない＝受遺者に相続債務を負担させるという解釈となり，分類としては包括遺贈となってしまいます。

　受遺者が地方公共団体である場合は，解釈上，債務（負担）を含んだ遺贈

9　民法655条（委任の終了の対抗要件）
　　委任の終了事由は，これを相手方に通知したとき，又は相手方がこれを知っていたときでなければ，これをもってその相手方に対抗することができない。
10　地方自治法96条1項
　普通地方公共団体の議会は，次に掲げる事件を議決しなければならない。
　九　負担付きの寄附又は贈与を受けること。
　十　法律若しくはこれに基づく政令又は条例に特別の定めがある場合を除くほか，権利を放棄すること。

にあたるということで，地方自治法の規定により（地方自治法96条1項[10]），当該遺贈（寄附）を受け入れること又は放棄することについて議会の議決が必要になる場合もあり，遺言執行に一定の手続き，時間を要することを理解しておく必要があります。

　また，「受遺者は，遺言者の死亡後，いつでも遺贈の放棄をすることができる」（民法986条）とする規定についても，包括遺贈には適用されないと一般には解されています。包括受遺者は，相続人と同一の権利義務を有することから，その放棄には相続の放棄に関する規定（民法938条～940条）が適用され，自己のために包括遺贈があったことを知った時から3か月以内に家庭裁判所に包括遺贈放棄の申述をしなければ単純承認したものとみなされることになります。受遺者に対して遺贈の承認・放棄の意思確認を行う際，この点についても受遺者に対して説明をする必要があります。

　仮に包括遺贈の放棄がされた場合，当該受遺者は初めから受遺者とならなかったものとみなされ（民法939条[11]），当該受遺者が取得するはずであった権利の扱いが問題となります。予備的遺言による指定がなく，かつ相続人が不存在である場合，相続人不存在の相続財産として，相続財産管理人による管理・清算手続が必要になる可能性があります。この場合，相続の最終解決までの道のりが長期化してしまうことになりますので，遺言執行者の実務上の対応として，包括受遺者に対して相続債務や諸費用の処理状況の詳細を説明し，実際には負担が生じるおそれがないことについて理解してもらうことで，包括遺贈放棄の手続きを選択することがないよう促していく必要があります。

11　民法939条（相続の放棄の効力）
　　相続の放棄をした者は，その相続に関しては，始めから相続人とならなかったものとみなす。

【死亡保険金の受取人変更と清算型遺言を併用する場合】

遺言公正証書

　本公証人は遺言者○○の嘱託により，証人○○，同○○の立会いを
もって，次の遺言の趣旨の口述を筆記し，この証書を作成する。

第1条　遺言者は，遺言者を保険契約者兼被保険者として，平成○年
　○月○日，☆☆生命保険株式会社との間で締結した生命保険契約（証
　券番号：第＊＊＊＊号）の死亡保険金の受取人を○○から次の者に変更
　する。
　　住所　＊＊＊＊
　　職業　行政書士（登録番号：＊＊＊＊＊＊＊＊号）
　　氏名　□□　□□
　　　　　昭和＊＊年＊＊月＊＊日生
2　遺言執行者は，この遺言の効力が生じた後，前記☆☆生命保険株
　式会社に対し，速やかに前項による死亡保険金受取人変更の通知を
　するとともに，所定の手続をする。
3　前記□□　□□は，受給した死亡保険金を，第2条に定める債務
　及び費用の弁済又は支払いに充てるものとする。
4　遺言者は，第1項の生命保険契約について，同項による変更後の死
　亡保険金受取人となるべき前記□□　□□が，遺言者の死亡以前に
　死亡し，又は死亡保険金請求権を放棄することによって同項の効力
　が生じない場合，若しくは遺言者と前記□□　□□が別途締結する
　委任契約及び任意後見契約並びに死後事務委任契約が解除されてい
　る場合は，この生命保険契約の死亡保険金受取人を次の者に変更す

る。

住　　所　＊＊＊＊

職　　業　行政書士（登録番号：＊＊＊＊＊＊＊＊号）

氏　　名　△△　　△△

　　　　　昭和＊＊年＊＊月＊＊日生

5　前項の場合において，遺言執行者は，この遺言の効力が生じた後，速やかに☆☆生命保険株式会社に対し，前項による保険金受取人の変更を通知するとともに，所定の手続をする。

6　第4項の場合において，前記△△　　△△は，受給した死亡保険金を，第2条に定める債務及び費用の弁済又は支払に充てるものとする。

第2条　遺言者は，遺言者の有する預金（□□銀行□□支店の普通預金，口座番号：＊＊＊＊＊＊＊）を含む一切の財産を，後記遺言執行者において適宜換価させ，下記債務及び費用について，<u>前条の死亡保険金を充ててもなお不足する分を弁済又は支払わせた後</u>の残余金を，公益財団法人A（会社法人等番号：省略，主たる事務所：省略）に遺贈する。

　　ただし，遺言者所有の家財道具その他の動産のうち，換価ができないもの又は無価値と認められるものについては，後記遺言執行者にその処分方法を一任する。

　　　　　　　　　　　　［債務及び費用の表示］

①　遺言者の葬儀，火葬，納骨等の葬送に係る諸費用

②　遺言者に係る租税公課，入院費等医療費，日常家事債務その他一切の債務

③　遺言者（委任者）と遺言執行者（受任者）との間で締結する委任契約及び任意後見契約並びに死後事務委任契約の委任事務費用及び受任者に対する報酬

第3条　遺言者は，本遺言の遺言執行者として□□　□□を指定する。

2　前記□□　□□が遺言者の死亡以前に死亡した場合，又は疾病等のやむを得ない事情で遺言執行事務を行えない場合，又は遺言者と前記□□　□□が別途締結する委任契約及び任意後見契約並びに死後事務委任契約が解除されている場合，遺言者は，本遺言の遺言執行者として前記△△　△△を指定する。

3　遺言執行者は，遺言者の契約する貸金庫の開披及び内容物の収受を行う権限，本遺言に係る預金債権等金融資産その他一切の財産の換価，名義変更，解約，払戻し，その他本遺言の執行に必要な一切の行為をする権限を有する。

4　遺言執行者は，その任務を開始したときは，遅滞なく，遺言者の相続人に就任の通知を行うとともに，遺言書の写し及び財産目録を交付するものとする。

5　遺言執行者は代理人を定め，本遺言の執行に必要な事務を行わせることができる。

6　遺言執行者に対する報酬は，遺産総額に応じて下記規定のとおり算定するものとし，遺言執行者は前条の遺贈に先立ち，遺言執行に要した諸費用と併せて，遺産の中から支払いを受けることができるものとする。

　なお，遺産総額の算定においては，<u>前条の財産の中から前条の債務及び費用の弁済又は支払いに充てた金額</u>を控除するものとする。

（執行報酬の定めは記載を省略）

7　遺言執行者は，遺言執行事務の終了の際，次の事項を記載した書面を作成し，遺言者の相続人に報告しなければならない。

①　遺言者の全ての遺産とその金額の明細

②　各受遺者に引き渡した遺産とその金額の明細

③　遺言執行のために行った措置及び費用の支出

④　遺言執行報酬の収受

　本条項例は，第5章（70ページ）で紹介した執行費用の「保険金方式」に対応するものです。実際にこの方式を活用する際は，事前に保険会社に問い合わせを行い，受取人変更と遺言執行者による保険金請求手続の可否について確認をしておくことが重要です。その他の注意点については，第5章をご参照ください。

　死亡保険金だけでは執行費用の全額を賄えないおそれがある場合は，保険金方式と委任者管理方式（相続財産からの支払い）の併用を検討します。本条項例では，まず死亡保険金を優先的に執行費用に充て，不足分を相続財産から充てるとしています。

　遺言執行に係る諸費用，遺言執行報酬は，相続財産のなかから支払われるものですが（民法1021条[12]），死亡保険金は相続財産にはあたらないため，このなかから差し引いてしまうと支障があります。[債務及び費用の表示]に，遺言執行に係る諸費用，遺言執行報酬を記載しないよう注意しましょう。

　なお，公正証書遺言の作成にあたっては，証人2名以上の立会いが必要ですが，推定相続人や受遺者等が欠格事由に定められています（民法969条1号[13]，同974条[14]）。これは，遺言者の意思の真正性を担保するため，利害関係

12　民法1021条（遺言の執行に関する費用の負担）

　遺言の執行に関する費用は，相続財産の負担とする。ただし，これによって遺留分を減ずることができない。

13　民法969条1号（公正証書遺言）

　公正証書によって遺言をするには，次に掲げる方式に従わなければならない。

　一　証人2人以上の立会いがあること。

人を排除することを目的としているためです。死亡保険金の受取人として指定される遺言執行者兼受任者については，受遺者と同様の利害関係人となりますので，法意に照らせば，証人の欠格事由にあたると考えられます。欠格事由該当者が証人になった場合，その遺言は無効になってしまいますから，危険を冒すべきではありません。保険金の受取人変更を利用する場合は，別途，証人の手配についても検討する必要があります。

【不動産の換価益を遺贈する場合】

遺言公正証書

　本公証人は遺言者○○の嘱託により，証人○○，同○○の立会いをもって，次の遺言の趣旨の口述を筆記し，この証書を作成する。

第１条　遺言者は，遺言者の有する下記不動産を遺言執行者において換価させ，その換価益から，登記手続費用その他換価に要した諸費用を控除した金額を，◎◎に遺贈する。

２　前項の換価によって譲渡所得が生じる場合，◎◎は，譲渡所得税の申告及び納税（住民税，社会保険料の増額分を含む）を行うとともに，税申告に係る税理士報酬等の諸費用を負担するものとする。

３　遺言執行者は◎◎に対し，不動産売買契約書その他，下記不動産

14　民法974条（証人及び立会人の欠格事由）
　　次に掲げる者は，遺言の証人又は立会人となることができない。
　　一　未成年者
　　二　推定相続人及び受遺者並びにこれらの配偶者及び直系血族
　　三　公証人の配偶者，四親等内の親族，書記及び使用人

> の取得及び換価にかかった諸費用に関する資料を交付するものとする。
>
> （以下，省略）

　相続財産中に不動産がある場合，現物を遺贈するのではなく，清算型遺言の一類型として，遺言執行者において換価（売却）処分を行った後，その売却代金を遺贈するという方法を取ることができます。特に，地方自治体や公益財団法人，NPO法人等の団体に遺贈による寄付を行おうという場合，不動産の現物は受領しないという対応を取られることが一般的ですので，遺言執行者による不動産の換価処分はよく用いられる方法かと思います。

　この際，遺言執行者が売主として不動産売買契約を締結しますが，登記は，被相続人→相続人→買主という権利移転の流れを取り，登記上の売主は相続人という形になります。このため，不動産の換価に伴い譲渡所得が生じた場合，形式的には，相続人が譲渡所得税の申告・納税義務を負うという解釈が成り立つように考えられます。

　しかし，実質的に何らの利益を得ていない相続人に申告・納税義務が課せられることは，実質所得者課税の原則（所得税法12条）[15]に反することとなり，申告・納税義務を負うのは，換価益を収益する受遺者であるという解釈も成り立ちます。

　この点について確定した見解はおそらくないと思われますが，実務上，税負担能力のない相続人が義務を負うことは相応しくなく，所轄税務署としても，納税さえされれば，「誰が納めたのか」については深く追求する可能性

15　所得税法12条（実質所得者課税の原則）

　　資産又は事業から生ずる収益の法律上帰属するとみられる者が単なる名義人であつて，その収益を享受せず，その者以外の者がその収益を享受する場合には，その収益は，これを享受する者に帰属するものとして，この法律の規定を適用する。

は低いと思われますので，換価益を収益する受遺者に負担させるのが妥当であると考えられます。

本条項例のとおり，「譲渡所得税の申告・納税」という負担付遺贈の形を取ることによって，受遺者は，遺言執行者からの資料提示・説明等を経て，手間やデメリットを認識・許容したうえで遺贈を承認することとなるため，相続人にとっても受遺者にとっても，責任の所在が明確になるのではないでしょうか。

文案の作成にあたっては，遺贈の可否について，当該受遺者に確認を取っておくこと，個別の案件ごとに提携の税理士に相談して税務上の問題をクリアにしておくことが必須です。また，こうした面倒な問題への対応策として，リースバックの活用を含め，生前に不動産を売却処分しておくというのも一案です。

委任契約の重要条文

死後事務委任契約の狭義の目的は，文字どおり死後の事務手続の委任ですが，実務上，受任者は契約締結時から依頼者が死亡するまでの期間もさまざまな形で依頼者（委任者）を支援していくことになります。このことは第4章でも紹介したとおりですが，両者間の契約条項を具体的にまとめる際も，事務の内容，サービスの提供時期に応じて「第一の委任契約（生前の事務委

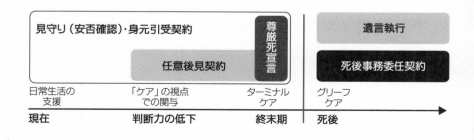

任契約）「第二の任意後見契約」「第三の死後事務委任契約」という三段構え
の構成にまとめることになります。

●主題及び序文

> **委任契約及び任意後見契約並びに死後事務委任契約公正証書**
>
> 　本職は，委任者○○○○（以下「甲」という。）及び受任者□□□□（以
> 下「乙」という。）（並びに受任者▽▽▽▽（以下「丙」という。）※予備的受任
> 者を置く場合）の嘱託により，次の法律行為に関する陳述の趣旨を録取
> し，この証書を作成する。

　公正証書を作成する際は，複数の契約を1つの契約書にまとめることが可
能です。3つの契約を締結する場合は，「委任契約及び任意後見契約並びに
死後事務委任契約公正証書」又は「委任契約及び任意後見契約」というタイ
トルになります（公証人の判断により書式が異なる）。任意後見契約をしない場
合は「委任契約及び死後事務委任契約公正証書」となります。

●（生前の）委任契約

【契約の趣旨】

> 第1条　甲及び乙，並びに甲及び丙は，本日，以下のとおり各委任契
> 　　約（以下「本委任契約」という。）を締結する。
> 2　甲及び乙，並びに甲及び丙の本委任契約の関係は，乙がまず以下
> 　　の条項のとおり本委任契約の事務を執り行い，乙が甲の死亡以前に
> 　　死亡し又は疾病等の理由により，その事務を執り行うことができな
> 　　い場合，若しくは甲乙間の契約が解除されている場合に，丙が以下

の条項のとおりその事務を執り行うものとする。

【任意後見契約との関係】

第2条　本委任契約締結後に，甲が精神上の障害により事理を弁識する能力が不十分な状況になったときは，乙及び丙は，家庭裁判所に対し，任意後見監督人の選任の申立をしなければならない。

2　本委任契約は，第2の任意後見契約について任意後見監督人が選任され，同契約の効力が生じた時に終了する。

3　乙及び丙は，本委任契約に定める各事務を通じて，家庭裁判所に対して，任意後見監督人の選任の申立をするべきか否かを常に判断しなければならない。

第1条では，主たる受任者の死亡リスクへの備えとして予備的受任者を置くことを記載しています。受任者を複数置く場合は，予備的関係なのか並列関係なのか，立ち位置を明確にすることが必要です。以下，予備的受任者を置く設定で条項例を紹介します。

第2条では任意後見契約との関係を記載します。委任契約は，委任者が判断能力を欠くことになった場合は継続することが適当ではなくなりますので，この場合は終了し，任意後見契約に移行することになります。

【委任事務の範囲】

第3条　甲は，乙及び丙に対し，甲の生存中における次の事務（第1号から第4号までの事務については必要に応じてその都度）を委任又は委託し，その事務処理のため代理権を付与する。その報酬は，各号末尾括弧書きのとおりとする。

(1)　預金通帳，保険証券等の貴重品の管理（1月当たり金○○円）

(2)　限度額適用認定証交付申請に関する一切の権限（１回当たり金○
　　○円）

(3)　医療，介護，不動産の売買，賃貸借等の重要な契約に関する情
　　報収集及び契約締結の際の同席（１回当たり金○○円）

(4)　医療機関で診察を受ける際の付添い，同席（１回当たり金○○円）

(5)　甲が疾病又は事故により緊急事態に陥った場合における，医療
　　契約及び病院への入院に関する契約の締結，変更，解除及び費用
　　の支払等の事務（１回当たり金○○円）

(6)　甲の入院中における甲の住居の維持管理（１月当たり金○○円）

(7)　甲が海外その他遠隔地で，疾病又は事故により緊急事態に陥り，
　　自力での移動又は意思表示をすることが困難になった場合におけ
　　る，帰国等の手配，身元引取りに関する一切の事務（１回当たり，
　　国内の場合金○○円，海外の場合金○○円）

(8)　甲の疾病，長期入院等の事由により，甲の飼い犬・ケイリ（以下
　　「ケイリ」という。）の飼育継続が困難になった場合における，里親
　　探し又は終身飼育施設への引渡し及び引渡しまでの飼育管理（金○
　　○円）

(9)　前各号の目的を達成するために必要な範囲内での金融機関との
　　全ての取引（１回当たり金○○円）

2　乙及び丙は，前項の事務処理のため預金通帳等の貴重品の引渡し
　を受けたときは，甲に対し，預り証を交付する。

3　第１項第８号の事務は，事務執行時点において甲から別段の指示
　がない限り，第３の死後事務委任契約第10条に定める方法により執
　り行うものとする。

財産管理や緊急時対応など，委任者の生前に行う事務について必要なもの

を記載します。法律上の定義として，委任は「委任者が受任者に対して法律行為をすることを委託するもの＝受任者が委任者に代わって相手方に意思表示（法律上の一定の効果を生じさせようとする意思の表示）をし，その結果が委任者に帰属するもの」，準委任は「委任者が受任者に対して，法律行為以外の事務を委託するもの＝受任者が委任者に対して一定の行為を提供するもの」となります。委任事務のなかには委任にあたるもの，準委任にあたるものが混在していますが，細かく分類する作業は煩雑になりますので，まとめて記載しています。

委任事務については，**必要に応じてその都度**，個別に依頼してもらうというスタイルを基本にしていますが，緊急事態の対応においては委任者が連絡を取れる状況でないことも想定されますので，この原則から除外しています。

海外や遠隔地への出張対応については，委任者の職業・趣味等のライフスタイルに応じてニーズが変わってくるかと思いますが，受任者として現実的に対応できそうかどうか（契約条項に盛り込むかどうか）検討してください。

「限度額適用認定証」は，長期入院等で医療費が高額になりそうなとき，あらかじめ取得しておくことで，病院の窓口で支払う医療費が自己負担額までとなるもので，一時的とはいえ高額になる医療費負担を抑えることに役立つものです。委任者が入院をするときは，取得を念頭に入れておきましょう（加入する健康保険制度等によって支給要件が異なるので注意が必要）。

委任者がペットを飼育している場合は，飼育途中で委任者が死亡した場合の対応（死後事務）をベースにプランを立てますが，委任者の生前に飼育継続が困難な状況になり，委任者自身で譲渡先の手配ができないというケースも考えられますので，生前の委任事務のほうでも対応を想定しておきます。

報酬は，契約全体で月額○万円といった定額制のほか，必要な事務を執行する都度発生する従量制など，必要に応じて調整します。

【定期的な連絡・面接】

> 第4条　乙及び丙は，甲の安否，生活状況，健康状態につき，電話，電子メール等で定期的に甲と連絡を取り，これを確認する。連絡の頻度は週1回を上限とし，無報酬とする（又は報酬は1カ月当たり金○○円とする）。
>
> 2　乙及び丙は，前項の連絡を補完するため，定期的に甲と面接するものとする。面接の頻度は月○回を上限，面接1回当たりの時間は概ね1時間以内とし，報酬は1回当たり金○○円とする。
>
> 3　甲，乙，丙は，前2項の連絡を補完するために，警備会社等の第三者が提供する安否確認サービスを利用し，甲の安否確認を行う。導入するサービスの内容については，甲，乙，丙の協議により決定するものとする。
>
> 4　連絡，面接等の具体的な日時，方法及び回数は，甲，乙，丙の協議により，適宜調整する。
>
> 5　甲が定期連絡に応答しない場合，自然災害が生じた場合など，甲の安否確認のために必要があると認められるときは，前4項の規定にかかわらず，乙及び丙は，甲の自宅又は居所等を訪問することができる。この場合の報酬は，1回当たり金○○円とする。

　いわゆる「見守り契約」について，定期的な連絡，第三者の提供するサービスの利用，緊急時の駆けつけなどの条件を盛り込んでおきます。あまりにも固い契約条項にしてしまうと，変更の都度，契約内容を修正しなければならないので，生活状況等の変化に応じて臨機応変に対応できるよう，4項で「具体的な内容は協議により適宜調整する」としているところがポイントです。

【費用負担】

> 第5条　乙及び丙は，前2条の事務を遂行するために必要と認められ
> る費用を支出したとき，甲に対して，支出した費用の償還を請求す
> ることができる。ただし，この費用償還債権には，利息を付さない
> ものとする。
> 2　乙及び丙が甲の財産を管理しているときは，乙及び丙はその管理
> する財産の中から前項の費用を支出することができる。

　通信費その他事務処理遂行に必要な諸費用について，委任者に請求できる
とする民法650条1項[16]の規定を記載しています。なお，本条項例但書きでは，
利息の請求をすると事務処理が煩雑になることから，民法の規定とは反対の
特約をしています。

【緊急連絡先等への指定】

> 第6条　甲は，不動産賃貸借契約，医療契約，入院契約，ホテル等の
> 宿泊契約の締結の際，緊急連絡先又は身元引受人として乙又は丙を
> 指定し，その氏名又は名称，連絡先等の情報を，契約の相手方に通
> 知することができる。
> 2　前項の指定を行う際，甲は，救急搬送された場合等のやむを得な
> い場合を除き，乙又は丙に，事前に承認を得るものとする。

　賃貸住宅や施設の入所契約，医療契約の際に緊急連絡先や身元引受人の指
定を求められるというニーズがありますので，それに対応する条文を明記し

16　民法650条1項（受任者による費用等の償還請求等）
　　受任者は，委任事務を処理するのに必要と認められる費用を支出したときは，委任者
に対し，その費用及び支出の日以後におけるその利息の償還を請求することができる。

ておきます。受任者としては，どの機関や施設に緊急連絡先等として登録されているか把握しておく必要があるので，委任者から事前に相談してもらうようにしましょう。

【受任者への通知】

> 第7条　甲は，旅行，出張等で海外その他遠隔地へ赴く際，あらかじめ乙及び丙に旅程，宿泊先等を通知するものとする。
> 2　甲は，本委任契約締結にあたり，乙及び丙に対し，自身の傷病歴，受診中の医療機関及び診療科目並びに服用中の薬品について通知するものとする。また，これらについて追加，変更等が生じた場合（風邪等の一時的な傷病及びその治療のために処方される薬品を除く）も同様とする。
> 3　甲は，乙及び丙に対し，ケイリの傷病歴，かかりつけの動物病院及び服用中の薬品並びに健康状態の重大な変化について通知するものとする。また，狂犬病の予防接種ほか各種ワクチンの接種状況，フィラリア症，ノミ・ダニ予防薬等の投薬状況につき，毎年1回，接種済証の写しを提出するなどして報告するものとする。

　委任者に旅行先や出張先で事故が発生した際には，受任者が現地に赴き対応する必要も出てきます。急に遠隔地から緊急連絡が来るのも困りますから，心構えができるよう，旅程や宿泊先等の情報を通知してもらうようにしましょう。

　委任者の健康状態の変化についても，そのリスクを正確に把握できるようにしておく必要があります。契約前にできるだけ詳細にヒアリングしておくとともに，新たな傷病が発生したり，服用薬に変更が生じたりした場合などは，通知をしてもらうようにしましょう。健康状態の詳細を把握しておく必

要性（第7章136ページを参照）については，委任者によく説明し，理解してもらいましょう。

　ペットを飼育している場合は，保護施設等に引き取ってもらう際，予防接種等を適切に受けているかどうかが重要なポイントになりますので（第7章148ページを参照），毎年の接種状況（最新情報）を報告してもらうようにしましょう。

【契約の変更】

> 第8条　甲又は乙若しくは丙は，いつでも本委任契約の変更を求めることができる。
> 2　経済情勢の著しい変化，貨幣価値の変動等の事由が生じた場合，甲又は乙若しくは丙は，委任事務報酬改定のための協議を相手方に求めることができるものとし，申出を受けた相手方は，これに応じなければならない。
> 3　本委任契約の変更は，公正証書によって行う。ただし，変更の内容が軽微なものであって，かつ，甲及び乙，又は甲及び丙が合意したときは，私署証書によってもすることができる。なお，本委任契約の変更を私署証書によって行うときは，証書の作成日から14日以内に，公証役場において確定日付の付与を受けるものとする。

　契約は長期間に及ぶこともありますから，生活状況等の変化に応じて内容を修正する必要も出てくるでしょう。特に，報酬額改定に関する取り決めはトラブルが生じやすいポイントですので，特記事項として記載しておきます。また，変更の方法についても，変更の都度，公正証書によって行うのは双方にとって不便となるので，軽微な変更であれば私署証書によってもできるとしたほうが柔軟な対応ができるのではないでしょうか。なお，3項に記載の

ある「確定日付」とは，公証人が私署証書に日付のある印章（確定日付印）を押捺するもので，その日にその証書（文書）が存在していたことを証明するものです。文書の成立や内容の真実性を公証する制度ではありませんが，手続きの手数料が1件あたり700円と低額であることから，最低限の証拠保全として利用しておくとよいでしょう。

第　　0343号

死後事務委任契約書

確定日付の押捺例

【契約の解除】

> 第9条　甲及び乙，又は甲及び丙は，本委任契約を合意により解除することができる。
> 2　甲又は乙若しくは丙は，次の事由が生じたときは，本委任契約を解除することができる。
> 　(1)　甲が乙及び丙の同意を得ず，第3の死後事務委任契約第12条記載の生命保険契約を解約し，又は財産を減少させ，乙又は丙が後記執行費用を受領することができないことが明らかになったとき。
> 　(2)　甲又は乙若しくは丙が相手方の信頼を破綻させる行為をしたとき。

　双方の信頼関係や生活状況等の変化によっては契約解除の可能性もありますから，その条件についても記載しておきます。合意解除のほか，相手方に過失がある場合の解除権の行使が考えられます。生前の委任契約はあくまで

も死後事務委任契約の存在を前提としていますから，２項１号の記載のように，「死後事務委任契約の執行費用の管理に不備があった場合」という条件を特記しておくとよいでしょう。この条項は執行費用の管理方法に合わせて「保険契約を解除した場合」「信託契約を解除した場合」など適宜修正していただければと思います。

【契約の終了】

第10条　本委任契約は，第２条第２項に定める場合（甲の任意後見監督人が選任された場合）のほか，次の場合に終了する。

(1)　甲が死亡し，又は法定後見（後見・保佐・補助）開始の審判を受け，若しくは破産手続開始決定を受けたとき。

(2)　乙が死亡し又は法定後見（後見・保佐・補助）開始の審判を受け，又は乙を委任者とする任意後見契約において任意後見監督人の選任がされ，若しくは破産手続開始決定を受けたとき（甲乙間の契約が終了する。）。

(3)　丙が死亡し又は法定後見（後見・保佐・補助）開始の審判を受け，又は丙を委任者とする任意後見契約において任意後見監督人の選任がされ，若しくは破産手続開始決定を受けたとき（甲丙間の契約が終了する。）

(4)　本委任契約が解除されたとき。

契約の終了事由は，原則として任意後見契約への移行又は委任者の死亡ですが，受任者側に死亡等のアクシデントによる履行不能状態が生じた場合も終了となり得ます。

【損害賠償】

> 第11条　乙又は丙の責めに帰すべき事由（乙又は丙の死亡又は法定後見開始の審判，任意後見監督人の選任を除く。）により本委任契約が終了したときは，乙及び丙は，甲に対し，甲が本委任契約締結のために負担した費用を賠償する。

　受任者の帰責事由により契約が終了してしまった場合，委任者は一方的な損害を被ることになりますので，オプションとしてこの場合における賠償責任について明記しておくことも必要になるでしょう。ただし，自然人の受任者の死亡や法定後見開始など，特段の注意を払っても避けられない事由については免責とすることも必要です。

【秘密保持義務】

> 第12条　乙及び丙は，本委任契約の締結にあたり知り得た甲の個人情報を，委任事務遂行上必要な範囲又は甲に許諾を得た範囲を超えて第三者に漏らしてはならない。

【免責】

> 第13条　乙及び丙は，本委任契約の条項に従い，善良な管理者の注意を怠らない限り，甲に生じた損害について責任を負わない。
> 2　乙及び丙は，甲が紛争，伝染病，災害等の発生地におり，又は乙及び丙がこれらの場所におり，交通事情の悪化又は乙及び丙の生命，身体等に危険が及ぶ可能性等の理由があり，乙及び丙が甲のいる場所に赴くことができない場合，交通事情が回復し，又はその危難が去るまでの間，第3条第5号及び第7号の事務について執行する責任を免れるものとする。

第1項は，善管注意義務（民法644条[17]）に関する規定で，受任者の義務として委任契約の基礎となるものです。

第2項では，委任者が海外や遠隔地で緊急事態に陥った場合の対応についての特約を記載しています。受任者が現地に赴くことのできない特別な事情がある場合は，免責事由とさせてもらうことが必要です。

実務上は，災害等のアクシデント以外にも，受任者が旅行・出張の最中で，すぐに現地に向かえないといった状況も想定されます。旅行・出張の際は，予備的受任者にスケジュールを通知し，万が一の対応を依頼しておくことが必要になるでしょう。

【復委任】

第14条　乙及び丙は，適宜復受任者又は履行補助者を選任して，本委任契約に基づく事務を執り行わせることができる。

受任者は原則として自ら委任事務を処理する義務（自己執行義務，民法644条の2[18]）がありますが，安否確認サービスの導入や緊急時対応など状況に応じて第三者に事務を執り行わせたほうが，円滑に事務処理ができる場合もあります。復委任については原則として委任者の承諾が必要となりますので，予備的に本条項を入れておきます。

17　民法644条（受任者の注意義務）

　　受任者は，委任の本旨に従い，善良な管理者の注意をもって，委任事務を処理する義務を負う。

18　第644条の2（復受任者の選任等）

　　受任者は，委任者の許諾を得たとき，又はやむを得ない事由があるときでなければ，復受任者を選任することができない。

●任意後見契約

（契約の趣旨）

第1条　甲は，乙及び丙に対し，本日，以下のとおり，任意後見契約
に関する法律に基づき，精神上の障害により事理を弁識する能力が
不十分な状況における甲の療養看護及び財産の管理に関する事務（以
下「後見事務」という。）を委任し，乙及び丙は，これを受任する（以
下「本任意後見契約」という。）。

（契約の発効）

第2条　本任意後見契約は，乙又は丙の後見事務を監督する任意後見
監督人が選任されたときからその効力を生ずる。

2　本任意後見契約締結後，甲が精神上の障害により事理を弁識する
能力が不十分な状況となったときは，乙又は丙は，家庭裁判所に対し，
任意後見監督人の選任の申立をしなければならない。

3　本任意後見契約の効力発生後における甲及び乙，並びに甲及び丙
の間の法律関係については，本任意後見契約に定めるもののほか，
任意後見契約に関する法律及び民法その他の法令の定めに従う。

（後見事務の範囲）

第3条　甲は，乙及び丙に対し，別紙代理権目録記載の後見事務（以下
「本後見事務」という。）を委任し，その事務処理のために乙及び丙がそ
れぞれ単独で行使できる代理権を付与する。

（貴重品の管理方法）

第4条　乙及び丙は，預貯金通帳，銀行印，年金証書，キャッシュカー
ド，クレジットカード，その他重要な証書等を，甲から引渡しを受
けて保管する。

2　乙及び丙は，甲から前項の物品の引渡しを受けたときは，甲に対
し預かり証を交付し，善良な管理者の注意をもって保管するものと

する。

3　乙及び丙は，本後見事務を処理するために必要な範囲で，第1項の物品を使用するほか，甲宛の郵便物その他の通信を受領し，本後見事務に関連すると思われるものを開封することができる。

（財産の管理方法の制限）

第5条　甲が所有する財産のうち，株式，投資信託等の投機用資産は，本任意後見契約の効力が生じた後，速やかに換価処分を行うものとし，乙及び丙は，甲の財産を投機目的で運用しない。

（甲の意思の尊重及び配慮義務）

第6条　乙及び丙は，本後見事務を処理するにあたっては，甲の意思を最大限尊重し，かつ，甲の身上に配慮するものとする。そのため，1カ月に1回を目途として面接を行うものとし，その他医療・介護関係者から，甲の心身の状況について適宜報告を受けるなどして，甲の生活状況及び健康状態の把握に努めなければならない。

（費用負担）

第7条　本後見事務を行うために必要な費用は，甲の負担とし，乙及び丙は，自己が管理する甲の財産の中から，これを支出することができる。

（報酬）

第8条　甲は，本任意後見契約の効力発生後，乙又は丙に対し，本任意後見契約の報酬として毎月末日限り金〇万円を支払うものとし，乙又は丙は，毎月末，自己が管理する甲の財産の中からその支払いを受けることができる。

2　甲の生活状況又は健康状態の変化，経済状況の変動その他の事由により，既に定めた報酬額が不相当になった場合には，甲及び乙又は丙は，任意後見監督人と協議のうえ，これを変更することができる。

3　前項の場合において，甲がその意思を表示することができない状況にあるときは，乙及び丙は，任意後見監督人の書面による同意を得てこれを変更することができる。

4　前2項の変更契約は，公正証書によってしなければならない。

（報告義務）

第9条　乙及び丙は，甲及び任意後見監督人に対し，6カ月ごとに，本後見事務に関する次の事項について書面で報告する。

　(1)　乙又は丙が管理する甲の財産の管理状況

　(2)　甲を代理して取得した財産の内容及び取得の時期・相手方並びに甲を代理して処分した財産の内容及び処分の時期・理由・相手方

　(3)　甲を代理して受領した金銭及び支払った金銭の状況

　(4)　甲の生活及び療養看護につき行った措置

　(5)　費用の支出及び支出した時期・理由・相手方

　(6)　報酬の収受

2　乙及び丙は，甲又は任意後見監督人の請求があるときは，速やかにその求められた事項につき報告する。

（契約の解除）

第10条　甲又は乙若しくは丙は，任意後見監督人の選任前は，いつでも，公証人の認証を受けた書面によって本任意後見契約を解除することができる。

2　甲又は乙若しくは丙は，任意後見監督人選任後は，正当な事由がある場合に限り，家庭裁判所の許可を得て，本任意後見契約を解除することができる。

3　前2項により本任意後見契約が解除された場合，乙又は丙は，その管理する物品を直ちに甲に返還するとともに，後見事務の顛末を

甲及び任意後見監督人に報告するものとする。

（契約の終了）

第11条　本任意後見契約は，次の場合に終了する。

　(1)　甲が死亡し，又は任意後見監督人選任後に法定後見（後見・保佐・補助）開始の審判を受け，若しくは破産手続開始決定を受けたとき。

　(2)　乙が死亡し，又は法定後見（後見・保佐・補助）開始の審判を受け，又は乙を委任者とする任意後見契約において任意後見監督人の選任がされ，若しくは破産手続開始決定を受けたとき（甲乙間の契約が終了する。）。

　(3)　丙が死亡し，又は法定後見（後見・保佐・補助）開始の審判を受け，又は丙を委任者とする任意後見契約において任意後見監督人の選任がされ，若しくは破産手続開始決定を受けたとき（甲丙間の契約が終了する。）。

　(4)　乙又は丙が任意後見人を解任されたとき（甲と解任された者との間の契約が終了する）。

　(5)　本任意後見契約が解除されたとき。

2　任意後見監督人選任後に前項各号の事由が生じた場合，甲又は乙若しくは丙は，速やかにその旨を任意後見監督人に報告するものとする。

3　第1項各号の事由が生じた場合，甲又は乙若しくは丙は，速やかに任意後見契約の終了の登記を申請しなければならない。

●**代理権目録**　※別紙として公正証書末尾に添付します。

（別紙）

代理権目録

1 金融機関，証券会社及び保険会社との全ての取引に関する事項

2 定期的な支出を要する費用の支払い及びこれに関する諸手続に関する事項

3 定期的な収入の受領に関する事項

4 生活に必要な物品の購入等に関する事項

5 住居及び動産の保存，管理に係る契約並びに不動産の増改築，賃貸借契約の締結及び費用の支払いに関する事項

6 銀行印，預貯金通帳，年金証書，各種キャッシュカード，クレジットカードその他重要な証書等の保管及び各事項の事務処理に必要な範囲内におけるこれらの使用に関する事項

7 住民票，戸籍事項証明書（戸籍謄抄本），登記事項証明書（登記簿謄本），その他の行政機関の発行する証明書の請求及び受領に関する事項

8 医療契約，入院契約，介護契約その他の福祉サービス利用契約，福祉関係施設入退所契約の締結・変更・解除及び費用の支払い等に関する事項

9 要介護認定の申請及び認定に関する承認又は審査請求に関する事項

10 遺産分割協議，相続放棄，限定承認，遺留分侵害額請求に関する事項

11 訴訟行為（民事訴訟法第55条第2項[19]の特別授権事項の授権を含む。）に

---

19 民事訴訟法55条2項（訴訟代理権の範囲）

　2 訴訟代理人は，次に掲げる事項については，特別の委任を受けなければならない。

　一 反訴の提起

　二 訴えの取下げ，和解，請求の放棄若しくは認諾又は第48条（第50条第3項及び第51条において準用する場合を含む。）の規定による脱退

　三 控訴，上告若しくは第318条第1項の申立て又はこれらの取下げ

　四 第360条（第367条第2項及び第378条第2項において準用する場合を含む。）の

関する事項

　12　以上の各事務に関する復代理人の選任，事務代行者の指定に関する事項

　13　以上の各事項に関連する一切の事項

　任意後見契約については，一般的な条項例を記載しています。任意後見契約は，契約成立後，公証人の嘱託により，本人（委任者），任意後見受任者の氏名及び住所，代理権の範囲等の事項が法務局に登記されることが定められていますが，後見登記等に関する法律[20]では，任意後見契約において，予備

___

　　規定による異議の取下げ又はその取下げについての同意
　　五　代理人の選任
20　後見登記等に関する法律第5条（任意後見契約の登記）
　　任意後見契約の登記は，嘱託又は申請により，後見登記等ファイルに，次に掲げる事項を記録することによって行う。
　　一　任意後見契約に係る公正証書を作成した公証人の氏名及び所属並びにその証書の番号及び作成の年月日
　　二　任意後見契約の委任者（以下「任意後見契約の本人」という。）の氏名，出生の年月日，住所及び本籍（外国人にあっては，国籍）
　　三　任意後見受任者又は任意後見人の氏名又は名称及び住所
　　四　任意後見受任者又は任意後見人の代理権の範囲
　　五　数人の任意後見人が共同して代理権を行使すべきことを定めたときは，その定め
　　六　任意後見監督人が選任されたときは，その氏名又は名称及び住所並びにその選任の審判の確定の年月日
　　七　数人の任意後見監督人が，共同して又は事務を分掌して，その権限を行使すべきことが定められたときは，その定め
　　八　任意後見契約が終了したときは，その事由及び年月日
　　九　家事事件手続法第二百二十五条において準用する同法第百二十七条第一項の規定により任意後見人又は任意後見監督人の職務の執行を停止する審判前の保全処分がされたときは，その旨
　　十　前号に規定する規定により任意後見監督人の職務代行者を選任する審判前の保全

的な受任者を置く登記の規定がないため，契約上も当初受任者（乙）と予備的受任者（丙）は同列・同順位として設定せざるをえません。第2条1項で，「乙又は丙の後見事務を監督する任意後見監督人が選任されたときから〜」としていますが，実務上は，当初受任者（乙）が業務を執り行うことができる状況では，「当初受任者（乙）が任意後見監督人選任の申立を行い，任意後見人に就職する」という，当初受任者（乙）と予備的受任者（丙）の内部調整において，任意後見人の順位付けの効力を生じさせます。

　また，契約の変更や解除（任意後見監督人選任前）は公正証書によってのみ可能（私署証書では不可）とされている点に注意しましょう（任意後見契約に関する法律3条[21]，9条1項[22]）。

●死後事務委任契約

【契約の趣旨】

> 第1条　甲は，乙及び丙に対し，本日，以下のとおり，甲が死亡した後の事務を委任し，乙及び丙は，これを受任する（以下「本死後事務委任契約」という。）。
>
> 2　甲及び乙，並びに甲及び丙の本死後事務委任契約の関係は，乙がまず以下の条項のとおり本死後事務委任契約の事務を執り行い，乙が甲の死亡以前に死亡し又は疾病等の理由により，その事務を執り

　　処分がされたときは，その氏名又は名称及び住所

　十一　登記番号

21　任意後見契約に関する法律3条（任意後見契約の方式）

　　任意後見契約は，法務省令で定める様式の公正証書によってしなければならない。

22　任意後見契約に関する法律9条1項（任意後見契約の解除）

　　第4条第1項の規定により任意後見監督人が選任される前においては，本人又は任意後見受任者は，いつでも，公証人の認証を受けた書面によって，任意後見契約を解除することができる。

行うことができない場合，若しくは甲乙間の契約が解除されている
場合に，丙が以下の条項のとおりその事務を執り行うものとする。

　生前の委任契約と同様，主たる受任者と予備的受任者の関係性について明
記します。

【夫婦等と契約する場合の停止条件】

第１条　甲は，乙及び丙に対し，本日，以下のとおり，甲が死亡した
　　後の事務を委任し，乙及び丙は，これを受任する（以下「本死後事務
　　委任契約」という。）。
２　甲及び乙，並びに甲及び丙の本死後事務委任契約の関係は，乙が
　　まず以下の条項のとおり本死後事務委任契約の事務を執り行い，乙
　　が甲の死亡以前に死亡し又は疾病等の理由により，その事務を執り
　　行うことができない場合，若しくは甲乙間の契約が解除されている
　　場合に，丙が以下の条項のとおりその事務を執り行うものとする。
３　本死後事務委任契約は，次の各号の条件のいずれかが成就すると
　　きまでその執行を停止するものとする。
　(1)　甲の妻〇〇が甲の死亡以前に死亡したとき
　(2)　前記〇〇（甲の妻）に対し，法定後見（後見・保佐・補助）開始の
　　　審判若しくは任意後見監督人選任の審判がされたとき
　(3)　前記〇〇（甲の妻）が甲と離婚したとき
４　前項の条件成就前においても，乙及び丙は，前記〇〇（甲の妻）の
　　求めに応じて第３条の死後事務の一部又は全部を執り行うことができ
　　る。

　子どものいない夫婦の夫と妻双方から受任する場合（その他，同性パートナー

や同居の兄弟等から受任する場合），委任者死亡時に配偶者（パートナー，同居親族）が生存している場合は，生存配偶者等が死後事務を行えるため，受任者の事務執行は原則不要となります。生存配偶者等（2人目）が死亡した場合，行為能力を喪失した場合，離婚（パートナーシップの解消）している場合のみ，受任者が死後事務を行うというオプションを付けることで，依頼者の経済的負担を抑えつつリスク管理を図ることが可能になります。条件成就前は完全に死後事務に関与しないのではなく，「求めに応じてサポートを行う」という条項を盛り込むことで，精神面，身体面の負担を負う生存配偶者等の支援を図ります。

【委任者の死亡による契約の効力】

> 第2条　本死後事務委任契約は，甲が死亡した場合においても終了せず，甲の相続人は，委任者である甲の本死後事務委任契約上の権利義務を承継する。
> 2　前項の場合において，甲の相続人は，履行負担が過重であるなど，契約を履行させることが不合理と認められる特段の事由がある場合を除いて，本死後事務委任契約を解除することはできない。

　第2章でも解説した「委任者の死亡によって契約を終了させない特約」「相続人による解除権の制限特約」について確認する条項です。第三者（相続人を含む）に契約書を開示することを念頭に，死後事務委任契約の特徴を明記しておきます。

【委任事務の範囲】

> 第3条　甲は，乙及び丙に対し，甲の死亡後における次の事務（各事務に関する費用の支払いを含む。以下「本死後事務」という。）を委任する。

その報酬は，各号末尾括弧書きのとおりとする。

(1)　甲の遺体安置場所への出張，遺体の引取り及び搬送の手配，死亡診断書（死体検案書）の受領，死亡届の提出及び火葬許可申請，手荷物及び現金その他貴重品の収受など，死亡直後に行う緊急対応（金〇万円）

(2)　葬儀，火葬に関する事務（金〇万円）

(3)　遺骨の埋蔵・収蔵に関する事務（※又は遺骨の散骨に関する事務）（金〇万円）

(4)　甲の亡父・▽▽▽▽の遺骨の改葬手続に関する事務（金〇万円）

(5)　勤務先企業・機関の退職に関する事務（※又は所属する職能団体の退会に関する事務）（金〇万円）

(6)　行政機関等発行の各種資格証明書，受給者証等の返納手続（1件当たり金〇万円）

(7)　医療契約・介護施設利用契約，介護サービス利用契約等の解約に関する事務（金〇万円）

(8)　不動産賃貸借契約の解約（不動産賃貸借契約に付随する火災保険，家賃保証契約の解約を含む。）及び住居明渡しまでの管理（金〇万円）

(9)　甲の住居内の遺品整理（金〇万円）

(10)　電気，ガス，水道等の供給契約，固定電話（電話加入権）・携帯電話・インターネット接続サービス等の通信契約，ＮＨＫ・衛星放送・ケーブルテレビ等のテレビ放送受信契約，新聞・雑誌等の定期購読契約，クレジットカード利用契約，生命保険・医療保険・損害保険・個人年金保険，共済等の保険類似契約，習い事等の受講契約，家具・家電製品等の賃貸借契約，その他各種契約の解約手続（1契約ごとに金〇万円）

(11)　住民税，国民健康保険料，固定資産税等の賦課課税方式の租税

公課の納税手続及び納税管理人への就任（1税目当たり金○万円）

(12)　ケイリ（飼い犬）の里親探し又は終身飼育施設への引渡し及び引渡しまでの飼育管理（金○万円）

(13)　SNS，メールアカウント等の削除（1アカウントごとに金○万円）

(14)　甲の指定する関係者（甲の相続人，受遺者を除く。）への死亡通知及び各種郵便物の郵送停止手続（1件ごとに金○○円）

2　前項第1号の報酬は，甲が出張中又は旅行中など住所地以外の遠隔地で死亡した場合，国内のときは金○万円，海外のときは金○万円を加算する。

3　乙及び丙は，第1項各号の事務に伴い，敷金，保証金，未払給与，各種還付金，現金その他貴重品等，甲の相続財産を受領したときは，速やかにこれを甲の遺言執行者に引き渡すものとする。

4　乙及び丙は，第1項各号の事務執行のため，甲宛に送付される信書の開封及び閲覧をすることができる。

　受任者に具体的にどんな手続きを，どの範囲まで依頼するのかを取り決める，死後事務委任契約の本丸となる条項です。「身寄りがないので，必要な手続きを全て任せたい」「遠方の親族が対応できない，死亡直後の手続きや葬儀・火葬のみを依頼したい」「葬送の施行は親族に任せようと思うので，契約解除や債務の弁済などの煩雑な事務手続きを依頼したい」など，依頼内容はさまざまでしょうから，サービスメニュー（各事務手続）ごとに報酬単価を設定しておくと，報酬請求の根拠もわかりやすく，契約の設計もしやすくなるでしょう。

　また，委任条項は第三者（親族や各手続きの相手方）に提示することも念頭に入れ，できるだけ詳細に記載することがポイントです。例えば1項10号は，**各種契約の解約**と，省略して記載しがちな項目ですが，これでは相手方の事

業者が「受任者は自社のサービス解約に関する正当な権限を有しているのだろうか」と対応に戸惑うことになりますので，想定される契約の種類をできるだけ詳細に列記することで，対応がスムーズになります。

ちなみに，NTTの電話加入権については，通常，相続による「承継」の手続きを経たうえで解約することになっていますが，公正証書による死後事務委任契約において解約手続について言及されている場合は，承継手続を経ることなく解約が可能とされています。

遺体の引き取り等の緊急対応では，受任者が現地に出向く必要がありますから，委任者が遠隔地で死亡した場合など，特別な負担が生じる場合は報酬を加算するといったオプションを付けることも検討してよいでしょう。

死後事務には，債務の弁済，費用の支払いといった金銭の支出以外に，現金・手荷物等の財産を管理することになったり，委任者の債権に基づき，敷金や未払給与などを受領したりするといったことも付随してきます。遺言執行とも連動させ，財産の管理・受領に関する権限についても記載しておきましょう。

第4項は刑法の信書開封罪[23]を意識した条項です。委任者宛に送付される請求書等の郵便物を開封する行為は，委任事務の範囲で「正当な理由がある」と考えられますが，送り主となる手続きの相手方（同罪における被害者）の存在を意識して，念のため規定しておきます。

【葬儀・火葬（宗教儀礼を行う場合）】

第4条　甲の葬儀は，次の各号のとおり行う。

(1)　通夜を執り行わず，葬儀法要のみを行う1日葬とする。

23　刑法133条（信書開封）

　　正当な理由がないのに，封をしてある信書を開けた者は，1年以下の懲役又は20万円以下の罰金に処する。

204

(2)　会場は，○○院（所在地：省略，事業主体：宗教法人○○院）の施設を借りて行う。

(3)　読経等の宗教儀礼は，前記○○院の住職に依頼するものとし，同寺院の宗旨宗派の定める方式に従う。

(4)　乙及び丙は前期○○院に対し，葬儀法要の布施として金○万円を支払う。

(5)　葬儀の参列者は，乙及び丙のほか，甲の指定する親族・知人等10名程度とする。甲は，乙及び丙に対して，本死後事務委任契約締結後，甲の葬儀に参列してもらうことを希望する者の連絡先等の目録を交付するものとし，甲の死亡後，乙及び丙は，目録に記載の者に連絡を取り，会葬の案内をする。

(6)　葬儀の日程は，前号の参列者の都合，希望を考慮のうえ，乙及び丙が決定する。

(7)　葬儀の参列者に対しては精進落とし（料理）の提供を行う。単価については1人あたり○千円から○千円程度を目途とする。

(8)　乙及び丙は，甲の遺体の火葬時，甲が指定する副葬品があれば，これを棺に納める（ただし，火葬の安全，公衆衛生等の支障が生じるものとして火葬場で禁止されているものを除く。）。

(9)　遺体の搬送及び葬儀の施行は○○葬儀社（※会社法人等番号，本店所在地を記載）に委託する。

(10)　乙及び丙は，葬儀の参列者から香典その他の金品を受領しないものとする。

2　甲の死因，遺体の損傷などの要因により公衆衛生上の問題がある場合，甲が国内遠隔地又は海外で死亡し遺体の搬送費用が著しく高額になる場合など，やむを得ない事由がある場合，乙及び丙は，葬儀法要に先立ち，甲の遺体を火葬することができる。

3 前項に定めるもののほか，やむを得ない事由があるときは，乙及
び丙の裁量により，必要最小限の範囲で第1項各号に定める葬儀方
法を変更し，葬儀社を変更することができる。

【葬儀・火葬（参列者なしの直葬の場合）】

第4条 甲の葬儀は，読経等の宗教儀礼を執り行わず，火葬のみを行
う直葬方式とする。

2 葬儀の参列者は，乙及び丙のみとし，甲の親族，知人等には会葬
の案内を行わないものとする。

3 遺体の搬送及び葬儀の施行は，○○葬儀社に委託する。ただし，
やむを得ない事由があるときは，乙及び丙の裁量により葬儀社を変
更することができる。

4 乙及び丙は，甲の遺体の火葬時，甲が指定する副葬品があれば，
これを棺に納める（ただし，火葬の安全面，環境面で支障が生じるものと
して火葬場で禁止されているものを除く。）。

　葬儀，火葬などの葬送に関する死後事務については，親族・知人等の関係
者からのクレームやトラブルが生じやすい手続きですので，①依頼する葬儀
社，②葬儀の規模や参列者の範囲，③葬儀の日程，④葬儀会場，⑤宗教儀礼
の有無，宗旨宗派，⑥宗教者へのお布施・献金の金額など，委任者の希望や
指示といった特記事項をできるだけ詳細に記載します。また，葬儀の参列者
から喪主に対して贈られる香典については，一般的に，故人への哀悼の意，
遺族へのお見舞い，葬儀代などの急な出費に対する扶助など，さまざまな性
質がありますが，法律上は喪主への贈与と見做される財産ですので，親族で
ない受任者が受領することは，契約の会計上も倫理上も問題があるといえま
す。香典には本来，「線香やお花の代わりに霊前に供える金品」という意味

があります。参列者からの申し出があった場合は，「故人への哀悼の意」の部分を汲み，供花を贈ってもらう，故人を偲ぶ食事会を主催してもらうなど，受任者が直接金銭を受領しない方法を提案するのがよいでしょう。

　可能性は低いかもしれませんが，委任者が重大な伝染病で死亡した場合や事故等により遺体の損傷が著しい場合は，葬儀当日まで遺体を保存することや，参列者に死に顔を見せることがふさわしくない状況になることも想定されます。この場合は，公衆衛生上の観点から，「葬儀（セレモニー）の前に火葬を行うことができる」など，葬儀方法を臨機応変に変更できるような条項を入れておくことも重要です。葬儀社についても，指定の業者が廃業している，死亡地が遠方のために対応できないという場合に変更できるよう備えておきます。いずれの場合も，**合理的な理由がある場合に必要最小限の範囲で変更ができるものとし**，受任者の裁量権を限定的にしておくことが重要です。

【遺骨の埋蔵・収蔵（永代供養墓への埋蔵）】

第5条　甲の遺骨は，○○寺（住所：省略，事業主体：宗教法人○○）の合祀墓に埋蔵する。

2　乙及び丙は，○○寺に対し，所定の埋蔵料のほか，埋蔵時法要の布施として金○万円を支払う。

【納骨堂の収蔵】

第5条　甲の遺骨は，○○陵苑（住所：省略，事業主体：宗教法人○○）の堂内墓（区画番号：＊＊列＊＊番）に○回忌まで収蔵した後，○○陵苑の合祀墓に収蔵する。

2　乙及び丙は○○陵苑に対し，所定の収蔵料，○回忌までの管理費を支払う。

【生前契約が困難な場合】

第5条　甲の遺骨は，東京都＊＊区内に在る永代供養墓又は納骨堂（埋蔵又は収蔵の後，管理費等の費用の支払いが不要のもの）に埋蔵又は収蔵する（以下，「埋蔵等」という。）。

2　埋蔵等の費用は金＊＊万円を限度とし，乙及び丙は，同予算内で契約可能な永代供養墓又は納骨堂を選定する。

3　＊＊区内において前項の限度額に見合う永代供養墓又は納骨堂が選定できない場合，乙及び丙は東京都内のその他の場所から，これを選定することができる。

4　前3項に従い選定した永代供養墓又は納骨堂の運営主体が宗教法人である場合は，読経等，同法人の定める埋蔵等の際の宗教儀礼の様式に従うものとする。

【遺骨の散骨（チャーター散骨の場合)】

第5条　甲の遺骨は，粉骨処理を行ったうえ，○○沖にて海洋散骨を行う。

2　散骨の施行は，海洋散骨事業者の手配する船舶を貸し切る個人チャーター方式とし，乙及び丙並びに甲の指定する関係者立会いのもと行う。

3　遺骨の粉骨処理及び散骨の施行を依頼する海洋散骨事業者は，株式会社○○とする。ただし，やむを得ない事由があるときは乙及び丙の裁量により，海洋散骨事業者を変更することができる。

【委託散骨の場合】

第5条　甲の遺骨は，粉骨処理を行ったうえ，○○沖にて海洋散骨を行う。

2　遺骨の粉骨処理及び散骨の施行は，海洋散骨事業者に委託するものとし，乙，丙及びその他関係者の立会いを要しない。

3　散骨の施行を依頼する海洋散骨事業者は，株式会社○○とする。ただし，やむを得ない事由があるときは乙及び丙の裁量により，海洋散骨事業者を変更することができる。

【合同散骨+遺骨の一部を親族の管理する家墓に埋蔵してもらう場合】

第５条　甲の遺骨（喉仏の骨を除く）は，粉骨処理を行ったうえで，○○湾沖において海洋散骨を行う。

2　散骨の施行は，海洋散骨事業者の手配する船舶に他の葬家と乗船する「合同散骨方式」で行うものとし，前条の参列者のうち，散骨式への立会いを希望する者がいる場合は，その者を乗船させることができる（ただし，船舶の乗船定員の範囲内に限る。）。

3　甲の喉仏の骨は，＊＊県＊＊市の○○家墓所を管理する○○家親族に依頼し，同墓所に埋蔵されている甲の亡妻・B子の遺骨とともに埋蔵する。

4　乙及び丙は，前記○○家親族に対して，前項の埋蔵に関する謝礼及び墓碑銘の彫刻費として金＊＊万円，埋蔵時法要の布施に充てる費用として金＊＊万円の計＊＊万円を支払うものとする。

5　前記○○家親族の協力が得られず，第３項の埋蔵ができない場合，甲の喉仏の骨は，第１項の遺骨と併せて海洋散骨を行う。

遺骨の取扱いについても，葬儀と同様，トラブルが生じやすい事務ですので，その方法について詳細を記載します。第７章（128ページ）で解説したように，永代供養墓や納骨堂は予約で受入枠が埋まってしまう場合があるので，埋蔵等を希望の場合は，あらかじめ寺院や霊園と契約し，場所を具体的

に決めておきましょう。ただし、依頼者の年齢が若い場合は、今後の生活環境や価値観の変化も見込まれるなか、寺院や霊園と高額な契約をしておくことが、かえって依頼者の不利益になることも予想されます。生前契約をすることが困難な場合は、予算規模を決めたうえで、受任者の裁量により埋蔵地を選定するという選択肢もあります。

　散骨の場合は、希望する海域、船を貸し切るのかどうか、立会いを要するのかどうか、どの散骨事業者に依頼するかといった項目を決めておきます。散骨を実施する海域は第7章（132ページ）で解説したように無制限に選べるわけではありませんので、事前に散骨事業者と打ち合わせを行ってから、決定します。また、船舶によって乗船定員も設定されていますので、立会人の人数設定にも注意しましょう。遺骨は、人骨とわかる形で散骨するとトラブルの原因となりますので、散骨事業者に粉骨処理（パウダー化加工）を依頼したうえで行います。

　遺骨を親族が管理する家墓に埋蔵する場合は、当該墳墓の使用権利者となる親族の同意・協力が必要となります（文例では、亡き妻の遺骨が埋蔵されている妻方親族の家墓への埋蔵を希望する、という内容にしています）。当該親族との事前協議をしたうえで、埋蔵時に係る諸費用＋謝礼の支払額についても確認しておきます。また、同意をした親族が代変わりするなどして希望どおりに埋蔵が実行できないケース（協力を拒否されるケース）も想定されますので、その場合のプランBも考えておきましょう。

　なお、本条項例のように、遺骨の主要部分と一部を別々の葬法で取り扱う場合、葬儀社及び斎場に依頼しておくことで、「分骨」を行うことができます。分骨をした一部の遺骨は、主要部分の遺骨とは別に小型の収骨容器（骨壺）に納め、斎場からは「分骨証明書」を発行してもらえます。分骨した遺骨を埋蔵する際は、分骨証明書を墓地・霊園に提出します。主要部分の遺骨についても、通常どおり火葬済証付の火葬許可証が発行されますので、これをもっ

て，埋蔵，収蔵等の手続きを行うことができます。

【遺骨の改葬手続（墓じまい）】

> 第6条　○○霊園内に埋蔵されている甲の亡父・▽▽▽▽の遺骨は，
> 同園内の合祀墓に改葬する。
> 2　前項の改葬に伴い，○○家の墓所（区画番号：＊＊列＊＊番）は閉眼
> 供養を行ったうえで墓石を撤去し，使用権を○○霊園に返還する。

委任者が家墓の名義人である場合は，生前に埋蔵されている遺骨の改葬，墓石の撤去，使用権の返還などの**墓じまい**を完了させておくのが望ましいですが，「死亡時まで家墓を維持しておきたい」という希望がある場合は，受任者による改葬手続が可能かどうか検討します。具体的な手続きの可否は，寺院・霊園の定める利用規約によるので，事前に打ち合わせのうえ調整します。同じ墓地内の合祀墓へ改葬するのであれば，市町村での改葬許可申請が不要な場合もありますので，最優先で検討します。

仏教的な考えでは，墓石には故人の魂が宿るといわれており，墓じまいの際には，僧侶を呼んで故人の魂を墓石から抜き，ただの石に変える儀式（閉眼供養，抜魂法要などという）を行うのが一般的です。委任者の価値観によっては，僧侶へのお布施を，無駄な出費と捉える場合もあるでしょうが，石材店の作業員が気にするポイントでもあるので，快く作業をしてもらうための配慮として，なるべく省略しないようにしましょう。

【勤務先企業・機関の退職手続】

> 第7条　甲が在職中に死亡した場合，乙及び丙は，未払給与の受領，
> 社員証・鍵等の貸与物の返還，勤務先に在る私物の引取りのほか，
> 健康保険等の各種資格喪失手続，弔慰金等各種給付金の支給手続な

> ど，勤務先企業・機関の担当者と協議・連絡を行い，甲の死亡退職
> に伴う諸手続のために必要な事務を執り行う。

委任者が在職中に死亡した場合，勤務先の人事・総務担当者を通じて退職手続きを行います。当該担当者に契約書を開示することを想定して，受任者の権限を具体的に記載しておきます。

なお，死亡退職金，弔慰金などは，中小企業退職金共済法や会社独自の規定に基づき所定の遺族に対して支給されるもので，相続財産として取り扱われるものではありません（遺言執行の権限外）。よって，これらの「支給手続のために必要な事務」とは，受給権のある親族に対して手続きに関するアナウンス（通知）をするに留まることになります（実際に請求手続をするのは，受給権のある親族自身であり，受任者が請求手続のサポートを行うとしても，それは当該親族と新たに締結する委任契約が必要となる）。

【敷金等の清算】

> 第8条　甲を賃借人とする不動産賃貸借契約の解約において，甲が賃
> 　　　貸人に預け入れた敷金・保証金等の債権がある場合は，これを，遺
> 　　　言執行者への引渡しに先立ち，未払賃料，原状回復費の支払いに充
> 　　　てることができる。

不動産賃貸借契約の解約では，実務上，敷金・保証金等の債権と，未払賃料，原状回復費等の債務を相殺するという取扱いが一般的ですので，これに対応するため，第3条第3項を一部修正する内容の条文です。信託財産や保険金を債務の弁済費用に充てるという契約の場合は，これの例外となる規定にもなります。

【遺品整理】

第9条　甲の遺品（自宅等居所内にある家財道具等の動産）は，次の各号のとおり取扱う。

　(1)　換価可能な物品については，適宜換価手続を行い，その換価益を甲の遺言執行者に引渡す。ただし，当該換価益は，遺言執行者への引渡しに先立ち，本条の事務処理費用に充てることができるものとする。

　(2)　仏壇，位牌等の祭具がある場合は，○○寺院に引渡し，閉眼供養等の宗教儀礼を行ったうえ，廃棄処分を行う。

　(3)　携帯電話，パソコン，デジタルカメラ等の電子機器は，電子データの記録された記録媒体，ハードディスク等の破砕，又は専門業者によるデータ消去作業を行ったうえ，廃棄処分を行う。

　(4)　○○については，別途，甲が指定する者に譲渡する。ただし，同人が受領しなかった物品については，廃棄処分を行う。

2　甲の自宅等居所内に所有者への返還を要する貸与物がある場合，甲は，当該物品の種類及び画像並びに所有者の氏名・名称及び連絡先等を掲載した目録を作成し，乙及び丙に交付するものとする。

　遺品については，①有価物として換金するもの，②宗教的な配慮が必要なもの，③個人情報等の流出に配慮が必要なもの，④形見分けを希望するもの，などに分類して処分方法を記載します。遺品の買い取りと処分を同一業者に依頼する場合，換価益と処分費用を相殺するという取扱いが一般的ですので，第1号ではこれに対応する内容を記載しておきます。遺品の換価益は，相続財産の一部という取扱いになりますが，遺品整理費用（執行費用）を信託財産や保険金から充てるという契約の場合は，これの例外となる規定となります。実務上は換価益が処分費用を上回る（黒字になる）ことはほとんどない

と考えられます。

　家具・家電製品をレンタルしている場合は，所有者への返却が必要になります。返却手続については第３条１項10号で対応するとして，遺品整理時に誤って換価・廃棄処分をすることがないよう，対象の物品リスト化をしてもらいましょう。

【ペットの里親探し又は終身飼育施設への引渡し】

第10条　甲の死亡時にケイリが生存している場合は，ケイリの愛護養育のため，ケイリの年齢に応じて次のように取扱う。
  (1)　ケイリが○歳未満である場合は，動物愛護団体等の支援・協力のもと，ケイリを引取り，以後の養育を行ってくれる里親を選定し，引渡しを行うとともに，同団体等へ金○○万円を寄付する。引渡しまでの期間は，ケイリをペットホテルに預けるなどして，適切な養育を行う。
  (2)　ケイリが○歳以上である場合は，老犬ホーム□□（住所：省略，事業主体：株式会社○○）に終身飼育を依頼し，引渡しを行うとともに，所定の飼育料を支払う。引渡しまでの期間の養育については，前項と同様とする。
  2　前項第２号の場合において，やむを得ない事由により老犬ホーム□□によるケイリの引取りができない場合は，乙及び丙の裁量により，適切な事業者を選定し，ケイリの引取り，終身飼育を依頼する。

　依頼者の死亡時にペットが生存している場合は，以後の養育に関して，ペットの年齢に応じてどのような団体や施設に依頼をするのか，譲渡先に支払う飼育料や寄付の金額といった項目を取り決めておきます。譲渡にあたっては，予防接種証明等の提出を求められるケースがほとんどですので，第１の委任

214

契約第7条に規定のとおり，毎年の接種状況等について，最新の情報を報告
してもらうことが重要になります。

【SNSのアカウント削除（運営事業者に削除申請を行う場合）】

> 第11条　甲は，乙及び丙を，甲のFacebookアカウントの追悼アカウン
> ト管理人に指定する。乙及び丙は，甲の死亡後，Facebook社にアカ
> ウント削除申請を行う。

【SNSのアカウント削除（運営事業者に削除申請を行う場合）】

> 第11条　乙及び丙は，甲の死亡後，Twitter社に甲のTwitterアカウン
> ト（＠＊＊＊＊＊）削除申請を行う。

【SNSのアカウント削除（受任者が委任者のID，パスワードを利用する場合）】

> 第11条　甲の利用する○○及び▽▽のアカウント削除は，乙及び丙が，
> 甲のID（利用者を識別するための符号）及びパスワードを利用し，甲
> のアカウントに直接ログインする方法で行う。
> 2　甲は，甲の死亡後，前項のID・パスワードを乙及び丙が容易に知
> 覚できるよう，その管理方法に配慮しなければならない。

　SNS等のオンラインアカウントの削除は，原則として運営事業者に削除申
請を行うことになりますが，匿名性の高いアカウントの場合は依頼者とアカ
ウント利用者の紐づけが困難になるため，運営事業者の判断により削除申請
が認められない場合があります。その場合の備えとして，削除申請が認めら
れなかった場合の免責事項を盛り込んでおきましょう（第20条の免責に記載）。
　確実にアカウント削除を行うのであれば，依頼者の利用するID，パスワー

ドを利用し，直接ログインする方法を取ることになりますが，本来は認められない方法ですので，採用は慎重に検討する必要があります。この場合，依頼者の死亡後，ID，パスワードなどの情報をどのようにして受任者に伝えるのかということがポイントになります。「自宅の机の○番目の引き出しにしまってある」「エンディングノートに書いてある」など，保管方法について確認をしておくことが必要です。

【執行費用の授受（預託金方式）】

第12条　甲は乙又は丙に対し，本死後事務委任契約締結後，本死後事務を処理するための費用及び報酬（以下，「執行費用」という。）に充てるために，金○○万円を預託する。

2　乙又は丙は甲に対し，執行費用について預かり証を交付するとともに，1年ごとにその管理状況につき報告する。

3　執行費用には利息をつけない。

4　乙及び丙は，本死後事務委任契約が解除された場合，甲に対し，速やかに執行費用を返還する。

5　乙及び丙が甲に先立って死亡した場合，乙及び丙の相続人は，甲に対する執行費用返還義務を承継する。乙及び丙は，この場合に備え，自身の相続人が必要な事務を執り行うことができるよう，必要な措置を講じるものとする。

【信託方式】

第12条　甲は，本死後事務委任契約締結後，本死後事務を処理するための費用及び報酬（以下，「執行費用」という。）に充てるため，乙又は丙を委託者，○○信託株式会社を受託者とする信託口座に金○○円を入金する。

2　乙及び丙は甲の死亡後，○○信託株式会社に執行費用の交付指図を行い，これを受領する。

【保険金方式】

第12条　甲は，本死後事務を処理するための費用及び報酬（以下，「執行費用」という。）に充てるため，甲を契約者兼被保険者として○○保険株式会社と締結した生命保険契約（契約日：平成○年○月○日，証券番号：＊＊＊＊＊号）の死亡保険金受取人を乙又は丙に変更する旨の遺言を行い，甲の死亡後，乙又は丙にこれを受領させる。

2　乙及び丙はまず，前項の死亡保険金を執行費用に充て，それでもなお必要な金額に満たないときは，甲の預貯金その他の相続財産を執行費用に充てることができる。

【委任者管理方式※清算型遺言の活用】

第12条　甲は，乙及び丙が本死後事務を処理するために必要な費用及び報酬（以下，「執行費用」という。）に充てるため，甲名義の預金口座（○○銀行○○支店，普通預金，口座番号：＊＊＊＊＊＊＊）に金○○万円以上を預金する。

2　乙及び丙は，甲の死亡後，前項の預金を含む甲の相続財産から執行費用の支払いを受けるものとし，甲の生前においては，これを受領しない。また，当該預金に係る預金通帳・キャッシュカード等は，甲の生前においては，甲の手許で管理するものとする。ただし，第2の任意後見契約の効力が生じた場合は，この限りではない。

3　甲は，第1項の預金口座の残高が，乙及び丙が甲の死亡後に受領する執行費用相当額である金○○万円を下回ることのないように管理しなければならない。

執行費用の金額，管理方法及び受領方法について明記しておきます。預託金方式では，受任者が先に死亡した場合に，執行費用をスムーズに返還できるよう，対策を講じる必要があります。保険金方式については，保険金だけで必要な執行費用に満たなかった場合のリスクに備えます。死亡保険金の受取人変更は遺言により行うのが原則ですから，「不足分は預貯金から支払う」というように，委任者管理方式との組み合わせを検討します。

【執行費用の清算（残余金を相続財産として処理する場合）】

> 第13条　本死後事務が全て終了したとき，乙及び丙は，前条の預貯金から執行費用を控除した後，残余金がある場合は，これを遺言執行者に引き渡す。

【保険金方式を採用する場合】

> 第13条　本死後事務が全て終了したとき，乙及び丙は，前条第1項の死亡保険金から執行費用を控除し，残余金がある場合は，これを甲の相続人に引き渡す。

【残余金を全て報酬とする場合】

> 第13条　本死後事務が全て終了したとき，前条第1項の死亡保険金から執行費用を控除してもなお残余金がある場合は，これを乙及び丙の報酬とする。

　執行費用の金額は，ある程度余裕を持って設定することになりますから，死後事務終了後の残余金をどのように処理するのかを決めておく必要があります。前者の条項例は清算型遺言との併用が前提となります。保険金方式を採用する場合，死亡保険金は「受取人（受任者）固有の財産」という扱いに

なりますから，遺言執行者に引き渡して相続財産として処理するという方法
は取ることができないため，注意が必要です。

【報告義務】

> 第14条　乙及び丙は，本死後事務の処理が終了した後，甲の相続人に
> 　　対し，本死後事務に関する次の事項につき書面で報告する。
> ⑴　本死後事務につき行った措置。
> ⑵　費用の支出及び使用状況。
> ⑶　報酬の収受。

　民法645条において「受任者は，委任者の請求があるときは，いつでも委
任事務の処理の状況を報告し，委任事務が終了した後は，遅滞なくその経過
及び結果を報告しなければならない。」とあることから，委任者の契約上の
権利義務を承継する相続人に対しては，死亡の事実を含む死後事務執行の顛
末について報告する義務が生じることになります。特に，「親族には亡くなっ
たことを知らせてほしくない」という委任者に対して，それが不可能である
ことを理解してもらう必要があります。

【契約の変更】

> 第15条　甲又は乙若しくは丙は，甲の生存中いつでも本死後事務委任
> 　　契約の変更を求めることができる。
> ２　経済情勢の著しい変化，貨幣価値の変動等の事由が生じた場合，
> 　　甲又は乙若しくは丙は，執行費用及び各委任事務報酬改定のための
> 　　協議を相手方に求めることができるものとし，申し出を受けた相手
> 　　方は，これに応じなければならない。
> ３　本死後事務委任契約の変更は，公正証書によって行う。ただし，

変更の内容が軽微なものであって，かつ，甲及び乙又は甲及び丙が合意したときは，私署証書によってもすることができる。なお，本死後事務委任契約の変更を私署証書によって行うときは，証書の作成日から14日以内に，公証役場において確定日付の付与を受けるものとする。

4　第2の任意後見契約の効力が生じた場合，乙及び丙は，任意後見監督人の同意を得て，本死後事務委任契約の変更をすることができる。

任意後見契約発効後の契約変更については，委任者と協議を行うことができなくなりますので，任意後見監督人と協議を行うことになります。

【契約の解除】

第16条　甲及び乙又は甲及び丙は，本死後事務委任契約を合意により解除することができる（乙は，甲乙間の契約，丙は，甲丙間の契約を解除できる。）。

2　甲又は乙若しくは丙は，次の事由が生じたときは，本死後事務委任契約を解除することができる。

(1)　甲が乙及び丙の同意を得ず，第12条記載の生命保険契約を解約し，又は財産を減少させ，乙又は丙が執行費用を受領することができないことが明らかになったとき。

(2)　乙が死亡し又は法定後見（後見・保佐・補助）開始の審判を受け，又は乙を委任者とする任意後見契約において任意後見監督人の選任がされ，若しくは破産手続開始決定を受けたとき（甲乙間の契約が終了する。）。

(3)　丙が死亡し又は法定後見（後見・保佐・補助）開始の審判を受け，

又は丙を委任者とする任意後見契約において任意後見監督人の選任
がされ，若しくは破産手続開始決定を受けたとき（甲丙間の契約が終
了する。）。

(4)　甲又は乙若しくは丙が相手方の信頼を破綻させる行為をしたとき。

生前の委任契約と同様，解除事由を規定しておきます。委任者に原因があ
るものとしては，執行費用を受領することができなくなったとき，受任者に
原因があるものとしては，死亡によるものなどが考えられます。

【契約の終了】

第17条　本死後事務委任契約は，第13条の執行費用の清算及び第14条
の事務報告が終了したときに終了する。

本条項例のとおり，執行費用の清算，相続人への事務報告が終了したとき
に契約が終了することになります（民法655条：委任の終了の対抗要件）。受任
者が遺言執行者を兼ねる場合は，遺言執行の事務報告も併せて行うことにな
ります。

【損害賠償】

第18条　乙又は丙の責めに帰すべき事由（乙又は丙の死亡又は法定後見開
始の審判，任意後見監督人の選任を除く。）により本死後事務委任契約が
解除されたときは，乙及び丙は，甲に対し，甲が本死後事務委任契
約締結のために負担した費用を賠償する。

【秘密保持義務】

第19条　乙及び丙は，本死後事務委任契約の締結にあたり知り得た甲

の個人情報を，委任事務遂行上必要な範囲又は甲に許諾を得た範囲を超えて第三者に漏らしてはならない。

【免責】

第20条　乙及び丙は，本死後委任契約の条項に従い，善良な管理者の注意を怠らない限り，甲の相続人に生じた損害について責任を負わない。

2　乙及び丙は，甲が紛争，伝染病，災害等の発生地で死亡し，又は乙及び丙がこれらの場所におり，交通事情の悪化又は乙及び丙の生命，身体等に危険が及ぶ可能性等の理由があり，乙及び丙が甲の遺体がある場所に赴くことができない場合，交通事情が回復し，又はその危難が去るまでの間，第3条第1項各号の事務について執行する責任を免れるものとする。

3　乙及び丙は，ケイリを第10条の動物愛護団体又は老犬ホーム□□に引き渡した後は，ケイリの飼育管理に関する責任を免れるものとする。

4　乙及び丙は，第11条のとおり，Twitterのアカウント削除申請を行ったが，Twitter社の判断により，アカウント削除申請が承認されなかった場合，その責任を負わず，事務執行に係る報酬を受領することができるものとする。

　受任者が，委任者の死亡地（遺体がある場所）に赴くことが物理的に困難な場合，あらゆる死後事務が開始できないおそれがありますが，あくまでも不可抗力なので，その障害が取り除かれるまでの間は免責とさせてもらいます。

　3項は，ペットの引渡し等の事務がある場合に特約として記載します。ペッ

トは，動物愛護団体等に引渡した時点で，所有権が同団体等に移転するため，以後，飼育状況について干渉する権限はなくなりますし，長年にわたりペットの飼育状況を監視し続けることも現実的ではありませんので，受任者の責任はあくまでも**引渡しをした時点**で終了することとします。

【復委任】

> 第21条　乙及び丙は，適宜復受任者又は履行補助者を選任して，本死後事務委任契約に基づく事務を執り行わせることができる。

●葬送のみに限定した死後事務委任契約

死後事務委任契約公正証書

　本公証人は，委任者　○○（以下「甲」という。）及び受任者　株式会社○○（以下「乙」という。）の嘱託により，次の法律行為に関する陳述の趣旨を録取し，この証書を作成する。

（契約の趣旨）

第1条　甲は，乙に対し，本日，以下のとおり，甲が死亡した後の事務を委任し，乙は，これを受任する（以下「本死後事務委任契約」という。）。

（委任者の死亡による契約の効力）

第2条　本死後事務委任契約は，甲が死亡した場合においても終了せず，甲の相続人は，委任者である甲の本死後事務委任契約上の権利義務を承継する。

2　前項の場合において，甲の相続人は，履行負担が過重であるなど，契約を履行させることが不合理と認められる特段の事由がある場合を除いて，本死後事務委任契約を解除することはできない。

（委任事務の範囲）

第3条　甲は，乙に対し，甲の死亡後における次の事務（各事務に関する費用の支払いを含む。以下「本死後事務」という。）を委任する。

　(1)　甲の遺体安置場所への出張，遺体の引取り及び搬送の手配，死亡診断書（死体検案書）の受領，死亡届の提出及び火葬許可申請等，死亡直後に必要な事務。

　(2)　葬儀・火葬に関する事務。

　(3)　甲の遺骨の散骨に関する事務。

（遺留品の取扱い）

第4条　乙は，甲の遺体の引取り時，甲の所有する現金その他動産（以下「遺留品」という。）を引き取ることになった場合は，次のとおり取り扱う。

　(1)　甲が別途，遺言等により特段の意思表示をしている場合は，甲が指定する相続人又は遺言執行者等に遺留品を引渡す。

　(2)　前号以外の場合は，遺留品のうち，現金（以下「遺留金」という。）については，後記預託金と併せて後記執行費用に充てるものとし，その他動産については，乙にその処分方法を一任する。

（遺体の搬送）

第5条　甲の遺体は，乙において一般貨物運送事業の許可を受けた遺体搬送業者を手配し，搬送を行う（※受任者が同許可を有している場合は記載を省略）。

（葬儀・火葬）

第6条　甲の葬儀は，通夜・告別式を執り行わず，火葬のみを行う直葬方式とする。

2　斎場の予約，火葬の執行依頼及び葬儀の運営，遺骨の収骨は，乙が行う。

3　甲は，自身の葬儀に参列してもらうことを希望する者があれば，目録等を作成して乙に交付し，乙は，甲の死亡後，目録記載の者に連絡を取り，会葬の案内を行う。

4　甲の葬儀を行う斎場，日程については，乙の裁量により決定することができる。ただし，葬儀の会葬者がいる場合は，その希望を尊重するものとする。

（散骨）

第7条　甲の遺骨は，乙において粉骨処理を行ったうえ，乙の所有，運航する船舶において，東京湾沖で海洋散骨を行う。

2　散骨は，甲の親族・知人等が立ち会わない委託散骨方式とする。

3　散骨を行う日程については，乙の裁量により決定することができる。

（執行費用の授受）

第8条　甲は，本死後事務を処理するための費用（以下「執行費用」という。）として，金〇〇万円（以下「預託金」という。）を乙に預託する。

2　乙は甲に対し，預託金について預かり証を交付するとともに，1年毎にその管理状況につき報告する。

3　預託金には利子を付けない。

（報酬の収受）

第9条　乙が，前条の預託金及び遺留金の中から執行費用を支払った後の残余金は，乙の報酬とする。

（事務報告）

第10条　乙は，本死後事務の処理が終了した後，甲の相続人に対し，本死後事務に関する次の事項につき書面で報告する。

(1)　葬儀・散骨の施行状況等，本死後事務につき行った措置。

(2)　費用の支出及び使用状況。

(3) 報酬の収受。

(契約の変更)

第11条　甲又は乙は，いつでも本死後事務委任契約の変更を求めることができる。

2　経済情勢の著しい変化，貨幣価値の変動などの事由により，第8条に定める預託金で本死後事務が執行できないおそれが生じた場合，甲又は乙は，預託金の金額変更のための協議を相手方に求めることができるものとし，申し出を受けた相手方は，これに応じなければならない。

3　本死後事務委任契約の変更は，公正証書による。ただし，変更の内容が軽微なものであって，かつ，甲及び乙が合意したときは，私署証書によってもすることができる。なお，本死後事務委任契約の変更を私署証書によって行うときは，証書の作成日から14日以内に，公証役場において確定日付の付与を受けるものとする。

(契約の解除)

第12条　甲及び乙は，本死後事務委任契約を合意により解除することができる。

2　甲又は乙は，次の事由が生じたときは，本死後事務委任契約を解除することができる。

(1) 甲が，東京都○○区○○1丁目1番1号から半径50キロメートルの範囲（以下，「対象エリア」という。）外に転居した場合。

(2) 甲が対象エリア外で死亡した場合。

(3) 甲が重篤な感染症が原因で死亡した場合など，遺体の搬送及び火葬に著しい制限が生じる場合。

(4) 乙に連絡なく，甲の遺族等により甲の遺体が搬送され，又は火葬若しくは埋葬され，乙が本死後事務を執行できない場合。

(5)　甲又は乙が相手方の信頼を破綻させる行為をしたとき。

3　本死後事務委任契約が解除された場合, 乙は甲に対し (甲の死亡後は, 甲の相続人又は遺言執行者に対し), 預託金を返金する。

ただし, 甲の都合 (甲の死亡後は甲の相続人の都合) による解除の場合は, 通知, 返金に要する諸費用及び下記の解約手数料を控除するものとする。

[解約手数料の定め]

甲の生前における解除の場合…金○万円 (別途, 消費税分を加算)

甲の死亡後における解除の場合…金○万円 (別途, 消費税分を加算)

（契約の終了）

第13条　本死後事務委任契約は, 第9条の報酬の受領, 第10条の事務報告が終了したときに終了する。

（安否確認）

第14条　甲及び乙は, 本死後事務委任契約を実効性のあるものとするため, 甲の生存中, 電話連絡・面談等, 別途, 甲乙間の協議により定める方法をもって, 甲の安否・生存確認を行う。

（緊急連絡先の指定）

第15条　甲は, 本死後事務委任契約締結後, 乙を, 入院時, 不動産賃貸借契約時等に必要な緊急連絡先又は身元引受人に指定することができる。

2　前項の指定を行う際, 甲は, 救急搬送された場合等のやむを得ない場合を除き, 乙又は丙に, 事前に承認を得るものとする。

（損害賠償）

第16条　乙の責めに帰すべき事由により本死後事務委任契約が解除されたときは, 乙は, 甲に対し, 甲が本死後事務委任契約締結のために負担した費用を賠償する。

（秘密保持義務）

第17条　乙は，本死後事務委任契約の締結にあたり知り得た甲の個人情報を，委任事務遂行上必要な範囲又は甲から許諾を得た範囲を超えて第三者に漏らしてはならない。

（複委任）

第18条　乙は，適宜復受任者又は履行補助者を選任して，本死後事務委任契約に基づく事務を執り行わせることができる。

以上

（本旨外要件は省略）

依頼者のなかには，経済的事情から高額な契約を結ぶことが難しく，「手持ちの資産内（100万円以内くらい）でできる範囲の死後事務を頼みたい」というニーズが一定数あります。また，葬儀社や散骨事業者などにとっても，「おひとりさまから生前契約の相談があるが，喪主がいないためどうやって受任したらよいかわからない」というニーズがあります。こうした両者のマッチングを図る方法として，筆者は，**葬儀社・散骨事業者を受任者とする死後事務委任契約**の支援を行っています。

契約のプラン（委任事務の範囲）は葬送（遺体の引取り・搬送，葬儀の施行（原則，火葬のみ），永代供養墓への埋蔵等又は散骨）に限定し，受任者となる事業者の実務能力に合わせて設定しています。一方，専門家は，公正証書による契約書の作成支援，死後事務執行時の履行補助（事務報告のための相続人調査など）といった形で事業者をフォローしていきます。

このプランでは，契約時における依頼者の金銭負担を少なくするため，遺言書の作成を前提としていませんが，この場合，遺体の引取り時に受任者が受領することとなる遺留品の取扱いがポイントとなります。相続人への引渡しを要するとなると事務負担が大きくなりますので，受任者において処分で

きる権限を付与しておくことがポイントとなります。

●**尊厳死宣言書**

医療等に関する意思表示宣言公正証書

　本公証人は，宣言者○○○○の嘱託により，令和＊＊年＊月＊日，その陳述内容が嘱託人の真意であることを確認の上，宣言に関する陳述の趣旨を録取し，この証書を作成する。

宣言の主旨

　私○○○○は，私の終末医療などに関し，万が一の場合に備えて，私を支えている方々に以下の要望を宣言します。この宣言は，私の精神が健全な状態にあるときにしたものであります。したがって，私自身が撤回しない限り，これを尊重してください。

（医療行為についての意思）

第1条　私が疾病等により自分自身で意思表示ができない状態にあるときは，次に掲げる内容に従って実施してください。

(1)　治療を施すことによって回復可能な医療行為は行ってください。しかし，人として尊厳を保てない永続する障害を残す回復不可能な結果になる医療行為は望みません。特に，延命だけに繋がる手術などはしないでください。

(2)　緩和ケア，すなわち痛みと苦痛はとってください。痛みを最小限にする方法として，麻薬（モルヒネなど）を使用してください。

(3)　点滴（輸液）は，私の苦痛を和らげる処置としては，最小限度でしてください。

(4) 胃ろう（経管栄養）は，行わないでください。また，延命に繋がる
　　経鼻胃チューブもやらないでください。

（手術等医療行為の場合の同意者）

第2条　私が疾病等により自分自身で意思表示ができない状態にある
　　ときは，次に掲げる両名を医療同意者とします。各人は，単独で，
　　医療同意ができるものとします。

　　住　　所　＊＊＊＊

　　職　　業　行政書士

　　氏　　名　＊＊＊＊

　　　　昭和＊＊年＊＊月＊＊日生

　　住　　所　＊＊＊＊

　　職　　業　行政書士

　　氏　　名　＊＊＊＊

　　　　昭和＊＊年＊＊月＊＊日生

（延命治療について）

第3条　私の疾病が現在の医学では不治の状態に陥り，既に死期が迫っ
　　ていると担当医を含む2名以上の医師により診断された場合には，
　　私の親族及び友人並びに関係者，私の医療に携わっている医師，看
　　護師その他医療関係者の方々に，以下の要望を宣言します。

(1) 私の呼吸が停止したり，身体のあらゆる循環が停止した場合でも，
　　蘇生措置はしないでください。

(2) 私に苦痛を与えたり，私の身体に負担のかかる医療措置（他人の組
　　織や臓器の提供を受けることを含むあらゆる手術等）はしないでください。

(3) 私が自力では水も飲めず，食べ物を食べられなくなったら，無理
　　に飲ませたり，食べさせたり，点滴や栄養補給をしないでください。
　　特に，死期を延ばすためだけに胃ろうを作るということは絶対にし

ないでください。

⑷　私が自力で呼吸ができなくなっても，人工呼吸器を付けないでください。万一，人工呼吸器が付けられている場合でも，いったん電源を切っていただき，私の自発呼吸が戻らなかったら，人工呼吸器を取り外してください。また，そうなったら，昇圧剤も輸血も人工透析も血漿交換などもやめてください。

⑸　私の苦しく見える状態を緩和していただける治療は喜んでお受けします。そのために，麻薬（モルヒネを含む）などの副作用により死亡時期が早まったとしても構いません。

⑹　私に前5号記載の症状が発生したときは，私の命を永らえるために努力してくださっている，医師，看護師その他の医療関係者の方々，さらには私の親族，友人，関係者の方々は，どうか私の意思に従い，私が人間として尊厳を保った安らかな死を迎えることができるようご配慮ください。

（責任の所在）

第4条　私のこの宣言による要望を忠実に果してくださる方々に深く感謝申し上げます。そして，その方々が私の要望に従ってされた行為の一切の責任は，私自身にあります。警察，検察の関係者におかれましては，私の親族や医師が私の意思に沿った行動を執ったことにより，これらの方々に対する犯罪捜査や裁判の対象とすることのないよう特にお願いします。

　公証役場では，尊厳死宣言書に関する上記のような雛形を備えています。追加したい項目があれば，適宜調整しましょう。

第9章

実務の流れ

 契約成立後の対応

　最終章では，契約成立後の対応，実際に委任者が死亡した後の死後事務の具体的な内容など，実務の流れについて解説していきます。まずは契約成立後から委任者が死亡するまでに行う事務について解説します。

●見守りサービスの開始・緊急連絡先への登録

　契約成立後は，安否確認サービスを導入したり，定期的な連絡や面談をしたりして，委任者の異変をいち早く察知できる体制を作るとともに，長期的視点では，委任者の判断能力の衰えを注視し，任意後見契約のサービスを開始する必要性やタイミングを計ります。

　また，勤務先，不動産管理会社や大家，訪問介護事業者などに，受任者を緊急連絡先や身元引受人として設定してもらい，緊急時にいち早く連絡をもらえるよう，協力体制を構築します。

　外出時に異変が生じた場合に備え，第5章（87ページ）で紹介した緊急連絡先カードを渡し，外出時には常に携帯してもらうといった対策も必要です。

●登記事項証明書の取得

　死後事務委任契約と併せて任意後見契約を締結する場合，公正証書の作成後，公証人の嘱託により，本人（委任者），任意後見受任者の氏名及び住所，代理権の範囲等の事項が法務局に登記されることが定められています（後見

登記等に関する法律5条，198ページを参照）。

　登記が完了したのち，登記事項証明書を取得し，その内容を確認することができます。任意後見人又は任意後見受任者として死亡届の届出人になる場合は，市区町村役場の窓口で，資格証明書として登記事項証明書の提示を求められることが想定されます。登録完了は，公正証書の作成後2〜3週間程度となりますので，適宜，登記事項証明書を取得しておきましょう。

　証明書の発行は，窓口申請の場合，東京法務局後見登録課又は全国の地方法務局本局の戸籍課，郵送申請の場合は，東京法務局後見登録課のみで受け付けています[1]。

1　登記事項証明書の説明及び請求方法については，東京法務局ホームページを参照してください（http://houmukyoku.moj.go.jp/tokyo/static/i_no_01.html）。

✿ 登記事項証明書サンプル（任意後見契約の効力が生じていない場合）

※　任意後見契約は，1個の契約につき1つの登記記録が作成されるため，複数の
任意後見受任者がいる場合でも，代理権の共同行使の特約（後見登記に関する法
律5条5号）がないときは，任意後見受任者ごとに登記記録が作成される（登記
番号も受任者ごとに異なる）。このため，登記事項証明書に記載される任意後見受
任者も，原則は1名のみとなる。

予備的受任者の登記事項証明書を取得する場合は，予備的受任者自身による申請又は代理申請が必要。

登 記 事 項 証 明 書 （ 別 紙 目 録 ）

代理権目録（1／2）

任意後見

代 理 権 目 録

1　金融機関、証券会社及び保険会社との全ての取引に
　関する事項

2　定期的な支出を要する費用の支払い及びこれに関す
　る諸手続に関する事項

3　定期的な収入の受領に関する事項

4　生活に必要な物品の購入等に関する事項

5　不動産及び動産の保存、管理、処分に係る契約並び
　に不動産の増改築、賃貸借の締結及び費用の支払いに
　関する事項

6　銀行印、預貯金通帳、年金証書、各種キャッシュカ
　ード、その他重要な証書等の保管及び各事項の事務処
　理に必要な範囲内におけるこれらの使用に関する事項

7　住民票、戸籍事項証明書（戸籍謄抄本）、登記事項証
　明書（登記簿謄本）その他の行政機関の発行する証明書
　の請求及び受領に関する事項

8　医療契約、入院契約、介護契約その他の福祉サービ
　利用契約、福祉関係施設入退所契約の締結・変更・解
　除及び費用の支払い等に関する事項

9　要介護認定の申請及び認定に関する承認または審査

登記年月日　令和元年■月■日

［証明書番号］　　■■■■■■■■■　（ 2／ 4）

236

登 記 事 項 証 明 書 （ 別 紙 目 録 ）

代理権目録（2／2）

任意後見

　　　請求に関する事項

10　遺産分割協議、相続放棄、限定承認に関する事項

11　訴訟行為（民事訴訟法第55条第2項の特別授権事
　　項の授権を含む。）に関する事項

12　以上の各事務に関する復代理人の選任、事務代行者
　　の指定に関する事項

13　以上の各事項に関連する一切の事項

　　　　　　　　　　　　　　　　　　　　　　以上

登記年月日　令和元年■月■日

　　　　　　　　　[証明書番号]　■■■■■■■■　　（ 3／ 4 ）

登 記 事 項 証 明 書

任意後見

上記のとおり後見登記等ファイルに記録されていることを証明する。

令和■年■月■日

東京法務局　登記官　　　　　　大 倉 朋 子

[証明書番号]　████████　　（ 4／ 4）

※　2ページ目以降は代理権目録が記載され，最終頁に認証文のみの用紙が添付される。

238

　なお，任意後見の登記をされている本人の住所・氏名・本籍に変更があった場合，任意後見人（任意後見受任者）や任意後見監督人の住所・氏名に変更があった場合や破産又は死亡した場合は，登記されている者から変更の登記申請が必要になります。このうち，比較的頻繁に起こりうる変更事由は，本人又は任意後見人（任意後見受任者）の住所変更（転居）でしょう。変更事由が生じた場合は，忘れずに変更登記を行いましょう。前述のとおり，当初受任者と予備的受任者で各1件ずつ後見登記がされているため，本人の登記事項に変更があった場合は，当初受任者，予備的受任者がそれぞれ登記申請を行う必要があります（申請書の提出自体は，代理人を選任することによって，どちらか一方が代表して行うことが可能）。

　変更登記は，窓口申請，郵送申請ともに，東京法務局後見登録課のみでの対応となっています。登記手数料は無料です[2]。

●情報交換・契約内容の見直し

　契約は通常，長期間に亘りますので，委任者の住まい，職業，体調，家族・親族の構成，資産状況，利用するサービス（各種契約）などの内容が変化していくこともあり，これに伴って遺言や委任事務の内容，執行費用の金額などを見直す必要が出てくる場合があります。また，任意後見契約を締結している場合は，任意後見監督人選任の申立時に，財産目録や収支予定表を作成する必要があります。委任者の生活状況等の変化，変更については最新の情報を提供してもらい，アップデートに努めましょう。

　委任者に旅行先や出張先で事故が発生した際には，受任者が現地に赴き対応する必要も出てきます。急に遠隔地から緊急連絡が来るのも困りますから，

2　変更の登記申請の説明及び申請方法については，東京法務局ホームページを参照してください（http://houmukyoku.moj.go.jp/tokyo/page000467.html）。

心構えができるよう，旅程や宿泊先等の情報を通知してもらうようにしましょう。

●任意後見監督人選任の申立て・任意後見契約の開始

　本人の判断能力が不十分になってきたら，任意後見契約の利用開始を検討します。任意後見契約は，本人（委任者）の住民票上の住所地を管轄する家庭裁判所に，任意後見監督人選任の申立てを行い，家庭裁判所で，任意後見人の業務を監督する任意後見監督人が選任されて初めて，その効力が生じます[3]。

　申立てに必要な書類及び費用は以下のとおりです。

1．申立書類

☐　任意後見監督人選任申立書

☐　申立事情説明書

☐　親族関係図

☐　財産目録

☐　相続財産目録（本人が相続人となっている遺産分割未了の相続財産がある場合）

☐　収支予定表

☐　任意後見受任者事情説明書

2．添付書類

☐　診断書（成年後見制度用）

☐　本人情報シートのコピー

☐　本人の戸籍抄本

3　任意後見監督人選任の申立て方法については，裁判所ホームページを参照してください（https://www.courts.go.jp/tokyo-f/saiban/kokensite/moushitate_ninnikouken/index.html）。

- ☐　本人の住民票又は戸籍の附票
- ☐　任意後見受任者の住民票又は戸籍の附票
- ☐　任意後見契約に関する登記事項証明書
- ☐　本人が登記されていないことの証明書
- ☐　任意後見契約公正証書のコピー
- ☐　財産関係の資料
- ☐　収入・支出に関する資料のコピー
  - ※　住民票はマイナンバーの記載がないもの
  - ※　公正証書のコピー以外は，申立日から3カ月以内に発行されたもの

3．費用

- ☐　収入印紙2,200円（申立費用800円，登記費用1,400円）
- ☐　郵便切手3,270円

　申立書類，添付書類，費用の準備が整ったら，申立先の家庭裁判所に郵送又は窓口で提出します。その後，家庭裁判所が，本人の同意を確認する「本人調査」や任意後見受任者から事情を聴取する「任意後見受任者調査」，必要に応じて親族への「意向照会」や，本人に判断能力がどの程度あるかを医学的に判定する「精神鑑定」などを行い，職権により，任意後見監督人選任の審判をします。

　任意後見監督人の選任にあたっては，任意後見監督人は，弁護士，司法書士又は社会福祉士といった第三者専門職から選任され，その報酬は，家庭裁判所が金額を決定したうえで，本人の財産のなかから支払われることになっています。なお，申立書類を提出した後は，審判前であっても，家庭裁判所の許可を得なければ申立てを取り下げることができないので，注意が必要です。

　任意後見受任者は任意後見監督人が選任されると「任意後見人」として職務を行うことになります。

財産管理に関する法律行為（預貯金の管理，払戻し，不動産などの重要な財産の処分，遺産分割，賃貸借契約の締結・解除など）については，まず本人名義の財産を調査し，財産目録を作成するとともに，作成した財産目録を任意後見監督人に提出します。以降，任意後見人は，任意後見契約で定めた時期ごとや任意後見監督人の求めに応じて財産管理状況等後見事務を報告することになります。任意後見人は本人の生活状況や財産及び収支の状況について，日ごろから把握し，領収書や取引に関する書類をきちんと保管しておく必要があります。

　身上監護に関する法律行為（介護契約，施設入所契約，医療契約の締結・解除など）を行った場合には，その契約書のコピーなどの控えを取っておきます。

　任意後見監督人は，任意後見人が適正に後見事務を行っているのか，定期的にチェックし，家庭裁判所に定期的に報告を行います。監督の過程で任意後見人の事務に「不正な行為」「著しい不行跡」などが判明した場合には，任意後見人の解任なども視野に入れてその後の対応が検討されます。

　任意後見契約は，解除（任意後見監督人選任後は家庭裁判所の許可を要する），任意後見人の解任，本人への法定後見（後見・保佐・補助）開始の審判，本人又は任意後見人の死亡，破産手続開始決定などの事由で終了します。

🌿 死亡当日の動き

　続いて，委任者が死亡した後の死後事務の具体的な内容について解説していきます。まずは死亡当日に行う事務について解説します。

●死亡当日の緊急対応

　病院で最期を迎える人の割合は，2005年前後のピーク時には約8割に達し，在宅医療を選択する人の割合が徐々に増えているとはいえ，2019年現在，

依然として4人に3人は病院・診療所で亡くなっているといわれています[4]。

　死後事務の実務としても，まずは委任者が入院中に死亡した場合の対応を押さえておく必要があります。

●入院前・入院中の事前調整

　まず，入院契約にあたって身元引受人として協力する必要がありますし，死亡や危篤，体調の変化等の情報を逐一確認できる体制を築いておく必要がありますので，入院契約時や診察時に同席するなどして，ソーシャルワーカーや医師，病棟の看護師といった病院関係者と顔合わせをしておきます。特に，委任者が意思表示できなくなった場合，受任者が医療方針を決定することはできませんから，終末期医療をどのように進めていくかという方針は，尊厳死宣言の活用を含め，委任者，病院関係者と協議のうえ決定しておきましょう。

●死亡・危篤の連絡〜病院への駆けつけ・遺体搬送の手配

　病院から死亡又は危篤の連絡が入ったら，病院へ駆けつけるとともに，あらかじめ決めておいた葬儀社に連絡を取り，遺体搬送の手配（寝台車の配車）を依頼します。全ての病院が遺体を一時保管できる霊安室を備えているわけではありませんので，「当日中（24時間以内）に遺体を引き取るように」と言われるケースも多く，遺体搬送の手配は速やかに行う必要があります。葬儀社は深夜でも電話番を置いているのが通常ですので，時間に関わらず，遠慮なく連絡を取りましょう。

　なお，遺体は法律上，旅客ではなく「貨物」という扱いになり，バスやタクシー等で搬送することはできませんし，業務として遺体を搬送する場合は，

4　令和元年人口動態調査・死亡の場所別に見た年次別死亡数に基づく（https://www.e-stat.go.jp/dbview?sid=0003411652）。

貨物自動車運送事業法に基づき「一般貨物運送事業」の許可を得た葬儀社又は遺体搬送の専門業者（緑ナンバーの車）しか行うことができません。自家用車で搬送すること自体は違法ではありませんが，「受任者の業務として」行うと違法性が疑われますし，遺体の保存等の安全面やその後の葬儀の流れを考慮すると，許可を得ている葬儀社に依頼するのが原則となります。遺体の搬送料金は，距離別の変動制です。駆けつけに要する時間的制約も含め，死亡地によっては，当初予定していた葬儀社以外の事業者への依頼を検討する必要があるでしょう。

●死亡診断書の受領と死亡届の記入

病院で葬儀社の到着を待つ間，担当医から，死亡日時や死因などを記入した死亡診断書を受領します。死亡診断書は，死亡届の提出時に添付が必要（戸籍法86条）[5]なもので，A3の用紙の右半分が死亡診断書，左半分が死亡届というセットになっています。死亡届の欄は受任者側で必要事項を記入します。（4）死亡したときや（5）死亡したところは死亡診断書の記載をそのまま転記します。氏名，住所，生年月日のほか，本籍も正確に記載する必要があるので，契約前に戸籍謄本等を取得し，確認しておくことが必要です。

ここで注意しなければならないのは，届出人の欄です。これまで，死亡届

5　戸籍法86条

1　死亡の届出は，届出義務者が，死亡の事実を知つた日から７日以内（国外で死亡があつたときは，その事実を知つた日から３箇月以内）に，これをしなければならない。

2　届書には，次の事項を記載し，診断書又は検案書を添付しなければならない。

一　死亡の年月日時分及び場所

二　その他法務省令で定める事項

3　やむを得ない事由によつて診断書又は検案書を得ることができないときは，死亡の事実を証すべき書面を以てこれに代えることができる。この場合には，届書に診断書又は検案書を得ることができない事由を記載しなければならない。

の届出人となれるのは，同居の親族，その他の同居者，家主，地主又は家屋若しくは土地の管理人，同居の親族以外の親族，後見人，保佐人，補助人及び任意後見人と定められており（戸籍法87条[6]），これらの者がいない場合は，「公設所の長」として行政機関の責任者が届出人となることになっていました。親族の協力が望めない場合は，「家屋管理人」として，病院長名の記入，押印を依頼する（公立病院の場合，院長は「公設所の長」となり，公印を押印してもらう）という対応が必要で，委任者が病院で死亡した場合は，「（死亡届を提出できる状態にして）遺体を速やかに引き取ってもらいたい」という病院側のニーズとも合致することから，届出人欄への記入，押印の協力は比較的スムーズに得ることができましたが，在宅療養中に死亡した場合は，家主等に承諾を得る必要がある（なかなか快く応じてもらえない）など届出人になれる人をどうやって確保するのかが大きな課題になっていました。

　この点については，令和元年5月31日公布，同2年5月1日施行の「戸籍法の一部を改正する法律」において，届出人となれる者に「任意後見受任者」が追加されたことにより（同87条の2），任意後見契約を締結しておけば，いかなる状況でも受任者単独で（第三者の協力を得られなくても）死亡届を提出することができるようになり，課題解決の道筋がつくこととなりました。条文としては一語追加されただけの小さな変化ですが，死後事務委任契約の実務においては画期的な法改正といえます。任意後見契約の本旨は，あくま

6　戸籍法87条

　1　左の者は，その順序に従つて，死亡の届出をしなければならない。但し，順序にかかわらず届出をすることができる。

　　第一　同居の親族

　　第二　その他の同居者

　　第三　家主，地主又は家屋若しくは土地の管理人

　2　死亡の届出は，同居の親族以外の親族，後見人，保佐人，補助人及び任意後見人及び任意後見受任者も，これをすることができる。

死亡届

受理 令和　　年　　月　　日		発送 令和　　年　　月　　日
第　　　　　　　　　号		長　印
送付 令和　　年　　月　　日		
第　　　　　　　　　号		

令和　　年　　月　　日届出

長　殿

書類調査	戸籍記載	記載調査	調査票	附　票	住民票	通　知

記入の注意

鉛筆や消えやすいインキで書かないでください。
死亡したことを知った日からかぞえて7日以内に出してください。
死亡者の本籍地でない役場に出すときは、2通出してください（札幌市内に提出する場合は、1通で結構です。）。2通の場合でも、死亡診断書は、原本1通と写し1通でさしつかえありません。

(1)	（よみかた）	氏　　　　　　　名	
(2)	氏　　名		□男　□女
(3)	生年月日	年　　月　　日　〔生まれてから30日以内に死亡したときは生まれた時刻も書いてください。〕　□午前　□午後　　時　　分	
(4)	死亡したとき	令和　　年　　月　　日　□午前　□午後　　時　　分	
(5)	死亡したところ	番地　番　　　　号	
(6)	住　　所（住民登録をしているところ）	番地　番　　　　号　　世帯主の氏名	
(7)	本　　籍（外国人のときは国籍だけを書いてください）	番地　番　　　　筆頭者の氏名	
(8)(9)	死亡した人の夫または妻	□いる（満　　歳）　　いない（□未婚　□死別　□離別）	

「筆頭者の氏名」には、戸籍のはじめに記載されている人の氏名を書いてください。

内縁のものはふくまれません。

□には、あてはまるものに☑のようにしるしをつけてください。

(10)	死亡したときの世帯のおもな仕事と	□1．農業だけまたは農業とその他の仕事を持っている世帯 □2．自由業・商工業・サービス業等を個人で経営している世帯 □3．企業・個人商店等（官公庁は除く）の常用勤労者世帯で勤め先の従業者数が1人から99人までの世帯（日々または1年未満の契約の雇用者は5） □4．3にあてはまらない常用勤労者世帯及び会社団体の役員の世帯（日々または1年未満の契約の雇用者は5） □5．1から4にあてはまらないその他の仕事をしている者のいる世帯 □6．仕事をしている者のいない世帯
(11)	死亡した人の職業・産業	（国勢調査の年…　　年…の4月1日から翌年3月31日までに届出をするときだけ書いてください） 職業　　　　　　　　　　　　　産業

死亡者について書いてください。

届け出られた事項は、人口動態調査（統計法に基づく基幹統計調査、厚生労働省所管）、がん登録等の推進に関する法律に基づく全国がん登録（厚生労働省所管）にも用いられます。

そ
の
他

届出人	□1．同居の親族　□2．同居していない親族　□3．同居者　□4．家主　□5．地主 □6．家屋管理人　□7．土地管理人　□8．公設所の長　□9．後見人 □10．保佐人　□11．補助人　□12．任意後見人　□13．任意後見受任者	
	住所　　　　　　　　　　　　　　番地　番　　　号	
	本籍　　　　　　　　番地　番　　筆頭者の氏名	
	署名　　　　　　　　　印　　　　年　　月　　日生	

事件簿番号

日中連絡のとれるところ

電話（　　　）

自宅　勤務先　呼出（　　　方）

字訂正
字加入
字削除

届
出
印

死亡診断書（死体検案書）

この死亡診断書（死体検案書）は、我が国の死因統計作成の資料としても用いられます。かい書で、できるだけ詳しく書いてください。

記入の注意

氏　　名		1 男　2 女	生年月日	大正　平成 昭和　令和　　　年　　　月　　　日 生まれてから30日以内に死亡したときは生まれた時刻も書いてください	午前・午後　　時　　分

生年月日が不詳の場合は、推定年齢をカッコを付して書いてください。

死亡したとき	令和　　　年　　　月　　　日　　午前・午後　　　時　　　分

夜の12時は「午前0時」、昼の12時は「午後0時」と書いてください。

(12)
(13)

死亡したところ及びその種別	死亡したところの種別	1 病院　2 診療所　3 介護医療院・介護老人保健施設　4 助産所　5 老人ホーム　6 自宅　7 その他
	死亡したところ	番　地 番　号
	（死亡したところの種別1～5） 施設の名称	

「5老人ホーム」は、養護老人ホーム、特別養護老人ホーム、軽費老人ホーム及び有料老人ホームをいいます。

死亡したところの種別で「3介護医療院・介護老人保健施設」を選択した場合は、施設の名称に続けて、介護医療院、介護老人保健施設の別をカッコ内に書いてください。

(14)

死亡の原因					発病（発症）
◆I欄、II欄とも に疾患の終末期の 状態としての心不 全、呼吸不全等は 書かないでください	I	（ア）直接死因			又は受傷か ら死亡まで の期間
		（イ）（ア）の原因			
◆I欄では、最も 死亡に影響を与え た傷病名を医学的 因果関係の順番で 書いてください		（ウ）（イ）の原因			◆年、月、日等 の単位で書いて ください ただし、1日 未満の場合は、 時、分等の単位 で書いてください
		（エ）（ウ）の原因			
◆I欄の傷病名の 記載は各欄一つに してください	II	直接には死因に関係しないがI欄の傷病経過に影響を及ぼした傷病名			（例：1年3か月、5時間20分）
ただし、欄が不 足する場合は（エ） 欄に残りを医学的 因果関係の順番で 書いてください	手術	1 無　2 有	部位及び主要所見	手術年月日	令和 平成　　年　　月　　日 昭和
	解剖	1 無　2 有	主要所見		

妊娠中の死亡の場合は「妊娠満何週」、また、分娩中の死亡の場合は「妊娠満何週の分娩中」と書いてください。

産後42日未満の死亡の場合は「妊娠満何週産後満何日」と書いてください。

I欄及びII欄に関係した手術について、術式又はその診断名と関連のある所見等を書いてください。紹介状や伝聞等による情報についてもカッコを付して書いてください。

(15)

死因の種類	1 病死及び自然死
	外因死　不慮の外因死 { 2 交通事故　3 転倒・転落　4 溺水　5 煙、火災及び火焔による傷害　6 窒息　7 中毒　8 その他 } その他及び不詳の外因死（9 自殺　10 他殺　11 その他及び不詳の外因）
	12 不詳の死

「2 交通事故」は、事故発生からの期間にかかわらず、その事故による死亡が該当します。

「5 煙、火災及び火焔による傷害」は、火災による一酸化炭素中毒、窒息等も含まれます。

(16)

外因死の追加事項	傷害が発生したとき	平成・令和　　年　　月　　日　午前・午後　　時　　分	傷害が発生したところ	都道府県 市区 郡町村
	傷害が発生したところの種別	1 住居　2 工場及び建築現場　3 道路　4 その他（　　）		
◆伝聞又は推定情報の場合でも書いてください	手段及び状況			

「1 住居」とは、住宅、庭等をいい、老人ホーム等の居住施設は含まれません。

傷害がどういう状況で起こったかを具体的に書いてください。

(17)

生後1年未満で病死した場合の追加事項	出生時体重　　　　　グラム	単胎・多胎の別 1 単胎　2 多胎（　子中第　子）	妊娠週数　　満　　週
	妊娠・分娩時における母体の病態又は異状 1 無　2 有〔　　　　〕　3 不詳	母の生年月日 昭和 平成　　年　　月　　日	前回までの妊娠の結果 出生児　　　　人 死産児　　　　胎 （妊娠満22週以後に限る）

妊娠週数は、最終月経、基礎体温、超音波計測等により推定し、できるだけ正確に書いてください。

母子健康手帳等を参考に書いてください。

(18)

その他特に付言すべきことがら

(19)

上記のとおり診断（検案）する	診断（検案）年月日　令和　　年　　月　　日
	本診断書（検案書）発行年月日　令和　　年　　月　　日
〔病院、診療所若しくは介護老人保健施設等の名称及び所在地又は医師の住所〕	番地 番号
（氏名）　　　　医師	印

でも委任者の生活支援ではありますが，契約の設計段階においては，死後事務の執行を見据えた導入の検討も重要になってくるでしょう。

　なお，任意後見契約を締結しない場合は，先に述べた「届出人を誰に依頼するか」という課題は依然として残ることとなります。今後，死後事務委任契約の受任者も届出人となれるような法改正がされることが望まれます。

　ちなみに，死亡診断書が作成されるのは，入院中や在宅療養中の場合，診療を行ってから24時間以内に死亡したときや，治療中の疾患が死因となった場合のみです。自宅や外出先など，一人でいるときに亡くなった場合は，警察官による検視ののち，警察医（警察に協力する医師）による「死体検案書」が作成されます。また，検案をしても死因が不明の場合は，監察医による行政解剖が行われ，監察医により死体検案書が作成されます（犯罪性が疑われる場合は，法医学者による司法解剖が行われる）。

　委任者が安否確認の連絡に応答しないなど，自宅内での変死が疑われる場合は，不動産管理会社等に連絡のうえ，警察官立会いのもと自宅の解錠を行います。委任者が自宅内で死亡していた場合，警察官は入念に現場検証を行ったのち，所轄警察署に遺体を搬送し，警察医による検死が行われます。この間，死因が病気や偶発的な怪我などと診断されるまでは，事件性も排除できないということから，現場保存のため，受任者や管理会社の職員等は自宅内に立ち入ることができません（鍵も一時警察預かりとなる）。また，現場検証の際は，「直近でいつ連絡を取り合ったか」などの事情聴取を受けることとなり，長時間現場（場合によっては真夏や真冬の野外）に拘束されることにもなります。

　検死が完了し遺体及び死体検案書の引渡しが可能になるまでの期間は，通常1〜2日程度です。警察から連絡が来たら，あらかじめ指定しておいた葬儀社が遺体及び死体検案書を引取り（警察から担当葬儀社に直接連絡がされる），受任者は所轄警察署に出向き，自宅の鍵や運転免許証等，警察が持ち出した

遺留品の引渡しを受けます。なお，死体検案書の作成にあたっては解剖料として数万円の費用請求がされます。遺体引取り時に葬儀社が立替払いしてくれるのが通常ですので，葬儀費用と併せて清算することとなります。

　遺体の腐敗が進行していた場合は，異臭や害虫が発生し，近隣の住宅にも被害を及ぼしていることが想定されます（遺体だけでなく，室内にある食品の腐敗によっても異臭・害虫が発生することがある）。遺品整理業者に速やかに連絡を取り，特殊清掃作業（汚物撤去，消臭，害虫駆除等）の手配を行いましょう。腐敗臭は体や衣服に付着するとなかなか消すことができず，また，室内で繁殖した細菌やカビを吸引すると感染症を起こす可能性もあります。このため，業者は防護服，防護ゴーグル，防護マスクなどを着用して作業を行います。室内内にある貴重品や重要書類の回収をいち早く進めたいところですが，健康被害を防ぐため，特殊清掃作業が完了するまでは自宅内に立ち入らないようにしましょう。

●遺体の搬送・葬儀社との打ち合わせ

　葬儀場，火葬場の予約・手配は葬儀社を通じて行うことになりますので，葬儀社が病院に到着したら，遺体搬送前に，日程や会場などの詳細について打ち合わせをしておきます。死亡届の提出と同時に行う「火葬許可申請」では，あらかじめ遺体を火葬する斎場を決めて申請書に記入する必要があります。日時を改めて葬儀社とじっくり打ち合わせをすることは難しいですから，おおまかな方針だけでも確認しておきましょう。

　なお，墓埋法3条[7]で「火葬は死後24時間を経過しなければ行ってはなら

7　墓地，埋葬等に関する法律3条
　埋葬又は火葬は，他の法令に別段の定があるものを除く外，死亡又は死産後24時間を経過した後でなければ，これを行つてはならない。但し，妊娠7箇月に満たない死産のときは，この限りでない。

ない。」とされているため，死亡当日に遺体を火葬することは原則としてできません。「遺体をいったん自宅に帰す」というのも，その後，受任者が付き添うのか？　というところで現実的ではありませんし，集合住宅の場合は搬送の様子を目の当たりにする他の住民への配慮も必要になります。病院から搬送された遺体は葬儀当日まで，葬儀社か火葬場の霊安室に安置するのが一般的な対応となります。ただし，委任者に身近な関係者がおり，ゆっくりと故人と寄り添いたいというニーズがあったり，心情への配慮が必要であったりする場合は，葬儀当日までの面会時間を確保できる遺体安置施設への安置も検討しておきましょう。

　ちなみに，新型インフルエンザその他の重大な感染症に罹患した遺体については，感染症の予防及び感染症の患者に対する医療に関する法律（感染症法予防法）30条1項から3項[8]に基づき，感染拡大防止のため24時間以内の火葬が可能になるとともに，遺体の移動その他取扱いに大きな制限が加わるため，葬儀のプランも大きく変更を迫られることになります。新型コロナウイルスに感染して亡くなられたタレントの志村けんさんのご遺体が，ご遺族が最後のお見送りをする機会もなく茶毘に付されたというショッキングな

8　感染症の予防及び感染症の患者に対する医療に関する法律30条（死体の移動制限等）
　1　都道府県知事は，一類感染症，二類感染症，三類感染症又は新型インフルエンザ等感染症の発生を予防し，又はそのまん延を防止するため必要があると認めるときは，当該感染症の病原体に汚染され，又は汚染された疑いがある死体の移動を制限し，又は禁止することができる。
　2　一類感染症，二類感染症，三類感染症又は新型インフルエンザ等感染症の病原体に汚染され，又は汚染された疑いがある死体は，火葬しなければならない。ただし，十分な消毒を行い，都道府県知事の許可を受けたときは，埋葬することができる。
　3　一類感染症，二類感染症，三類感染症又は新型インフルエンザ等感染症の病原体に汚染され，又は汚染された疑いがある死体は，24時間以内に火葬し，又は埋葬することができる。

ニュースは，読者諸兄の記憶にも新しいことと思います。稀なケースではありますが，新型コロナウイルスの流行を受け，現実的に起こりうることとして想定しておく必要が出てきたといえます。

●病室内の私物引取り

病院関係者とともに遺体のお見送りをした後は，病室内にある委任者の私物や貴重品をまとめて，病院を後にします。病院としては，ベッドが空いたらすぐに次の入院患者を受け入れる体制を作らなければいけないという事情がありますから，「直ちに部屋を片付けてください」と要請されることとなり，「後日荷物を取りに来ます」という対応は原則として通用しません。長期入院となるとそれなりの物量になることが想定されますので，病院に来る際にあらかじめ運搬手段を確保しておきましょう。

病室に持ち込む貴重品のなかには，自宅の鍵があるのが一般的です。以後，遺品整理や明渡しまでの管理のため，自宅への出入りが必要になりますから，必ず発見して回収しておきましょう。

●入院費の支払いについて

入院費は，半月ごと，あるいは月ごとに精算を行うのが通常で，都度，振込み，クレジットカード決済などで支払いを行っています。受任者は死亡日までの入院費で未払いのものを弁済することになりますが，個室を利用したり手術したりした場合には1回あたり数十万円の請求額になることもあります。退院時，直ちに立替え払いをしなければいけないわけではありませんので，入院事務の担当者に，受任者宛に請求書を送付してもらうこと，執行費用の決済に時間がかかるので支払期間に猶予がほしい，ということを伝えておきます。

●死亡届の提出・火葬許可申請

　病院を後にしたら，市町村役場で死亡届の提出を行います。受任者は任意後見人又は任意後見受任者でない場合は届出人にはなれませんが，提出自体は**使者**として誰でも行うことができるものなので，受任者が提出すること自体は問題ありません。一般的には，葬儀の一連の流れのなかで，葬儀社が提出を代行することが多いでしょう。

　死亡届が提出できるのは戸籍法により，①死亡者の本籍地，②届出人の所在地（同25条1項[9]），③死亡地（同88条1項[10]）のいずれかの市町村役場の戸籍の届出窓口となっています。死亡地（病院がある市町村）の役場で提出するのが最もスムーズですが，戸籍に速やかに死亡の事実を記載し，事後の手続きをスムーズに進める（できるだけ早く，死亡の記載のある戸籍（除籍）謄本を取れるようにする）ことを考慮した場合，本籍地の役場に提出するのがベストな選択肢となります[11]。

　なお，任意後見人，任意後見受任者として受任者自身が届出人になる場合は，法務局から発行される登記事項証明書や任意後見契約に係る公正証書などの資格証明書（原本の提示及び原本証明の署名押印をした写し）の提出を求められることが考えられますので，窓口に持参できるよう，準備をしておきましょう[12]。

　死亡届と同時に行う手続きが火葬許可申請です。市町村が発行する火葬許可証は，遺体を火葬する際に火葬場に提出することが必要な書類です。死亡

9　戸籍法25条1項
　　届出は，届出事件の本人の本籍地又は届出人の所在地でこれをしなければならない。
10　戸籍法88条1項
　　死亡の届出は，死亡地でこれをすることができる。
11　本籍地以外の役場に提出した場合，役場間の事務連絡によるタイムロスが生じ，戸籍への反映に少しだけ時間がかかります。
12　登記事項証明書のサンプルについては，第9章233ページ参照。

届の提出は休日・夜間窓口でも可能な場合が多い（守衛が事務処理を担当する）ですが，その場で火葬許可証の発行ができない（営業時間内に役場職員が事務処理を行う）とする役場もあります。時間外提出を検討する場合は，役場に連絡を取り，手続きの可否について確認を取るようにしましょう。

　なお，事後に行うさまざまな契約解除の手続きにおいて，委任者の死亡を証明する書類として「死亡届のコピー」の提出で済むところもありますし，死亡保険金の請求手続では，死因を証明する書類として「死亡診断書のコピー」の提出を求められる場合があります。死亡届の届出用紙は提出すると手元から控えがなくなってしまうので，必ず提出前にコピーを取っておきましょう。

　火葬許可申請を受任者自ら行った場合は，許可証のデータを葬儀社にFAX等で送り，葬儀当日に原本を引き渡します。

●親族等の関係者への連絡

　適宜，委任者から指定された関係者に死亡通知をしたり，葬儀日程に関する連絡調整を行ったりします。

　ここまでが死亡当日に行う手続きの流れです。やらなければいけないことが多いですが，事前に必要なものを把握しておけばスムーズに対応できます。

死体火埋葬許可証

第○○○○号

死 亡 者 の 本 籍	
死 亡 者 の 住 所	
（ よ み か た ） 死 亡 者 の 氏 名	
性　　　　　別	男　　　・　　　女
出 生 年 月 日	明治・大正・昭和・平成・令和　　年　　　月　　　日生
死　　　　　因	「一類感染症等」　　「その他」
死 亡 年 月 日 時	令和　　年　　月　　日　　午前・午後　　時　　分
死 亡 場 所	
火 葬 場 所	斎場・火葬場
埋 葬 場 所	（火葬の場合は埋葬場所を記入しないでください）
申請者の住所氏名及 び死亡者との続柄	住所 氏名　　　　　　　　　　　　　続柄

令和○○年○月○日

○○　市長　公印

※死因欄は通常「その他」を丸で囲む。

※「申請者」は届出人のこと。

葬儀の施行

　火葬許可証を取得すると，遺体を火葬することができますが，先に解説したように「死亡後24時間が経過すること」という制約のほかに，火葬場の空き状況（※特に死亡者の増える冬場は火葬件数が増える傾向がある）や休業日（※民営斎場の場合は慣例として友引を休業にしているケースが多くある）などの状況に合わせて葬儀日程を調整することになります。したがって，遺体を火葬するのは，死亡から数日後ということになります。

　火葬場との連絡調整，葬儀の運営・進行などの実務的な部分はほとんど葬儀社に委託することになり，受任者は，葬儀社との連絡調整，参列者への対応，遺骨の収骨など「喪主」としての役割を果たすことになります。葬儀社と連絡調整が必要なポイントとしては，先の葬儀日程のほか，予約する控室の規模に関わってくるので，参列予定者の人数を伝えておくことが挙げられます。また，香典の代わりに供花を希望する参列者がいた場合は，葬儀社に発注しておきます。

　喪主となる親族がいる場合は，葬儀社と連携して葬儀の運営をサポートします。特に高齢の親族がいる場合は，葬儀の実務部分を受任者が引き受けることが**故人を悼む時間をしっかりと作ること**に貢献し，グリーフケアに繋がります。

　火葬許可証はあらかじめ葬儀社を通じて火葬場に提出しておきますが，火葬完了後は裏面に「火葬済証」のスタンプを押され，遺骨とともに引き渡されます（通常，骨壺を入れる桐箱に同封して手渡される）。火葬済証付の火葬許可証は言わば遺骨の身分証明書として，埋蔵・収蔵の際に寺院，霊園に提出する書類となりますので，原則として納骨のときまで，骨壺と一緒に保管し

ます。

　散骨を予定している場合は散骨事業者に火葬場まで来てもらい，遺骨をその場で引き渡せばスムーズに粉骨処理へと移行できます。

🍀 火葬済証イメージ

令和○○年○月○日○時火葬執行

○○斎場所長　　○○　○○

印

🌿 遺骨の埋蔵・収蔵と散骨

　遺骨を永代供養墓や納骨堂に埋蔵・収蔵する時期については，墓埋法その他の法令で「いつまでに」と定めがあるわけではありませんし，一般的に「四十九日に合わせて」とされているのも，法要に合わせて親族等の関係者が集まりやすいからというのが理由のようで，宗教上も慣習上も特段定まったものがあるわけではありません。基本的には，その他の死後事務の状況に応じて「任意のタイミングで」ということになろうかと思いますが，受任者個人の感覚として「事務所や自宅にいつまでも遺骨を置いておくのは偲びない（あるいは気持ちよくない）」と考えるのであれば，火葬完了後，速やかに埋蔵・収蔵の手はずを整えます。

　生前に永代供養墓，納骨堂などの契約を済ませている場合，寺院や霊園に連絡をして埋蔵・収蔵手続の申込みをすることになりますが，埋蔵・収蔵時の法要の有無，関係者の立会いの有無によって日程調整を行うことになります。

　日程調整のうえ，寺院・霊園に遺骨を持ち込みますが，合祀の永代供養墓や樹木葬墓地では，埋蔵時に遺族や関係者の立会い不可（寺院・霊園所定のタイミングで埋蔵を行う）としている所も多くあり，場合によっては，寺院・霊園関係者に遺骨を引き渡したらそこで事務が完了ということもあります（寺院・霊園からは遺骨の預り証等の交付を受ける）。

　海洋散骨の場合はまず，散骨事業者に遺骨を引渡し，あらかじめ粉骨処理を施してもらいますが，処理完了まで（散骨が実施できるようになるまで）に数日から数週間程度の期間を要することになります。その後の具体的な散骨時期については，①チャーター散骨（船を一艘借り切る），②合同散骨（他の家族と乗合乗船する），③委託散骨（立会いせず，事業者に施行を委託する）の3つのプランによって異なります。

　①のチャーター散骨は，受任者や立ち会う関係者の都合である程度調整ができますが，②の合同散骨は，チャーター散骨に比べて安価な分，月に数回程度，散骨事業者所定の日程でしか行うことができないという制約を受けることになります。③の委託散骨は受任者が立ち会わず，散骨事業者の任意のタイミングで施行することになるので，基本的には散骨事業者に遺骨を預けた時点で事務は終了ということになります。

　施行のタイミングは，事業者に依頼するプランのほか，海域によっては気候の影響を受け，実施できない季節があったり，施行当日の悪天候により急遽出航できなくなる場合があるなどの制約を受けることがある点も留意しておきましょう。

散骨を施行した後は，散骨事業者が，散骨地点の緯度・経度等を記載した「散骨証明書」を交付してくれるケースもあります。

🍃 戸籍（除籍）謄本の受領・相続財産管理口座の開設等

●死亡の記載のある戸籍（除籍）謄本の受領

死後事務の執行，遺言執行の両方で，委任者（遺言者）の死亡を証明する公的資料として，死亡の記載のある戸籍（除籍）謄本が必要となることから，できるだけ速やかにこれを取得したいところです。死亡届の提出先にもよりますが，届出から1週間前後で取得が可能になるでしょう。取得のため役場に出向いた時点ではまだ死亡を記載する事務処理が完了していない（窓口に出向いて無駄足を踏む）ということも考えられますので，郵送で取得請求を行うほうが効率的です。申請書には「できるだけ速やかに事務処理をお願いします」と但書きを入れておきます。申請には，委任契約書又は遺言書(の写し)，受任者（遺言執行者）の身分証（の写し）を添付します。

死亡の記載の戸籍（除籍）謄本の取得と同時に，相続人を特定するための戸籍謄本等の取得も進めていきます。

●相続財産管理口座の開設・執行費用の受領

委任者（遺言者）の相続財産（執行費用）の払戻しを受け，これを管理するための銀行口座を開設します。受任者（遺言執行者）固有の財産と委任者の相続財産を分離して管理するため，「（委任者名）遺言執行者（受任者名）」という相続財産管理用口座を開設することが理想的ですが，昨今，預貯金口座の不正利用を防止する目的で，口座開設の要件が厳格化されており，第三者名（委任者名）が入った口座の開設はできないという取扱いをする金融機関が増えています（筆者自身，大手銀行において遺言執行者名義の口座開設を拒否

された経験がある）。口座開設の可否については，各金融機関によって取扱い
が異なりますので，窓口において個別に相談してください。場合によっては，
「（受任者名）預り口」といった名義の口座で相続財産を管理することもやむ
を得ないでしょう。口座開設に必要な資料は，①遺言書，②遺言執行者の身
分証明書，③遺言執行者の実印，④遺言執行者の印鑑登録証明書が基本です
（届出印に実印を使用する）。なお，全ての事務完了後は，口座の解約手続を忘
れずに行いましょう。

　執行費用の管理を信託方式，保険金方式などで行っている場合は，それぞ
れ信託会社，保険会社に連絡をして，信託財産の交付，死亡保険金の受領の
請求をします。

●貸金庫契約がある場合

　委任者が銀行の貸金庫を利用していた場合は，預金口座の解約・払戻しに
先立ち，開扉，内容物の収受，鍵の返却といった解約手続を行う必要があり
ます。貸金庫には，不動産権利証や保険証券などの重要書類のほか，多額の
現金が保管されている場合があります。相続人とのトラブルを防止するとと
もに，正確な財産目録を作成するために，公証人立会いのもと，「貸金庫の
開披（開扉）点検に関する事実実験公正証書」を作成しておくことが重要です。
なお，公正証書の作成手数料は，事実実験に要した時間と証書作成に要した
時間の合計時間1時間ごとに1万1,000円です（公証人手数料令26条[13]）。これ
に出張日当と交通費，証書の枚数による加算がされるため（同手数料令25条
及び43条，164〜165ページを参照），合計5万円前後になる場合があります。

13　公証人手数料令26条（法律行為でない事実に係る証書の作成の手数料の原則）
　　法律行為でない事実に係る証書の作成についての手数料の額は，この政令に特別の定
　めがある場合を除き，事実の実験並びにその録取及びその実験の方法の記載に要した時
　間（以下「事実実験等に要した時間」という。）の1時間までごとに1万千円とする。

貸金庫の開披点検に関する事実実験公正証書

　本稿証人は，嘱託人○○○○の嘱託により，次の事実につき目撃し，本証書を作成する。

［嘱託の趣旨］

　亡　□□□□（以下，「亡□□」という。）は，○○銀行○○支店との間で，貸金庫（第○種第○○○○号。以下，「本件貸金庫」という。）の使用契約を締結していたが，令和○年○月○日に死亡した。亡□□は，公正証書遺言により，嘱託人を遺言執行者に指定している。

　嘱託人は，遺言執行者として，単独で本件貸金庫を開披することとなったが，後日の紛争を防止するため，公証人の立会いを得て，当該貸金庫の内容物を点検・把握しておきたい。

　よって，同現場に臨場し，上記処置を目撃して公正証書を作成する件を嘱託する。

［事実実験］

　本公証人は，令和○年○月○日，東京都○区□□○丁目○番○号所在の○○銀行○○支店（以下，「本件銀行支店」という。）に赴き，同支店貸金庫室等において，嘱託人が，次の処置を行うのを目撃した。

1　嘱託人は，本件貸金庫の開扉に必要な手続を行った上，本件銀行支店職員の案内により，本公証人とともに貸金庫室に入室した。

2　次に，前記銀行職員は，嘱託人の持参した鍵を用いて本件貸金庫を取り出し，収納品を確認することのできる本件銀行支店内の別の

　　場所に移した。

3　本件貸金庫の中身を取り出して本公証人及び嘱託人において確認
　　したところ，収納品は現金のみで，○○銀行の帯封が施された1万
　　円の束が10束納められていた。

4　これらの現金の合計金額について，本件銀行支店の窓口担当職員
　　が紙幣計算機を用いて確認したところ，その金額は1,000万円であっ
　　た。

　　なお，同金員については，嘱託人が持ち帰り保管する旨供述した。

以上

※内容物の写真を撮影し添付する場合あり

（本旨外要件は省略）

●相続人への通知

　相続人の特定のため，戸籍謄本等を取得する際，併せて戸籍の附票も取得
して住所地を特定し，遺言執行者及び受任者に就任した旨の通知書（遺言書
及び委任契約書の写し，財産目録を添付）を送付します。

　執行費用を死亡保険金の受取人変更によって受領する場合は，保険契約上，
受取人に指定されている相続人から先に保険会社に請求手続が行われてしま
わないよう，通知のタイミングに注意しましょう。

●任意後見契約終了の登記

　任意後見契約を併せて締結している場合は，任意後見監督人の選任（任意
後見契約の発効）がされているか否かに関わらず，本人（委任者）の死亡に伴
う任意後見契約の終了の登記を申請する必要があります。予備的受任者（共
同受任者）を置く場合は，本章で前述のとおり，当初受任者と予備的受任者
で各1件ずつ後見登記がされているため，当初受任者，予備的受任者がそれ

261

それ登記申請を行います（申請書の提出自体は，代理人を選任することによって，どちらか一方が代表して行うことが可能）。

終了の登記は，窓口申請，郵送申請ともに，東京法務局後見登録課のみでの対応となっています[14]。本人の死亡を確認するための資料として戸籍(除籍)謄本が必要になるため，登記申請用に余分に取得しておきましょう。登記手数料は無料です。

🍃 自宅の明渡し〜各種契約の解約

葬儀・火葬が完了したらさまざまな手続きを効率よく，同時進行で処理していきます。ここでは，自宅の明渡しを中心に付随する死後事務の流れを解説していきます。

委任者が賃貸住宅に居住していた場合は，賃貸借契約を解除し，大家，不動産管理会社へ明け渡す必要があります。第7章（141ページ）で解説したとおり，郵便物の転送設定の問題を踏まえて3ヵ月先を明渡し日として目標設定し，この日までに必要な手続きを完了させておきます。

●大家・不動産管理会社への死亡通知

委任者から事前に確認しておいた大家・不動産管理会社宛に，委任者の死亡通知を行うとともに，不動産賃貸借契約解除の意思を伝えます。大家・不動産管理会社が事前に死後事務委任契約の存在を知らされていない場合，受任者からの連絡に戸惑いを感じることになるでしょうから，不動産管理会社

---

14 終了の登記申請の説明及び申請方法については，東京法務局ホームページを参照してください（http://houmukyoku.moj.go.jp/tokyo/page000465.html）。

の事務所を訪問する段取りを組み，戸籍謄本等の死亡証明，契約書や受任者の身分証明を開示したうえで，今後の手続きについて打ち合わせを行います。

　不動産賃貸借契約に付随する火災保険や保証会社との契約もある場合，併せて死亡通知，解約の申込みをしておきます。

●遺品整理

　物件の明渡しのために自宅内の動産（遺品）の撤去を行いますが，まずは遺品整理業者に荷物の量，状況などを確認してもらい，見積りを行ったうえで，後日，実作業に移ることになります。作業には必ず立会い，遺品のなかから貴重品や重要書類が出てこないか確認しましょう。また，モデムやSIMなどインターネット接続サービスで使用する機器については，サービス提供事業者からの貸与品であることが一般的で，サービスの解約時に返却が必要になりますので，廃棄しないように注意しましょう。

　遺品整理の作業時は，建物保護のための養生が必要だったり，エレベーターを長時間専有したり，作業車の駐車スペースを確保する必要があったりと，さまざまな調整を要することになりますので，不動産管理会社に作業日程を通知するとともに，諸注意について確認をしておきましょう。

遺品整理事業者により不用品の仕訳、家財の搬出を行います。

一人暮らしの住居でも，トラックが満載になります。遺品整理事業者は，見積時に確認した荷物の量をふまえ，手配するトラックの台数や規模（積載量）を調整します。

遺品のなかに現金や金券等があった場合は，分別・保管を行います。

データの消去及び復元防止のため，パソコンのハードディスクやメモリー
カードなど取り外し可能な記録媒体については，物理的に破壊してしまう
のが間違いない方法です（取り外しにあたっては，特殊工具が必要な場合
があります）。ただし，バッテリーパックの取り外しができないスマート
フォンについては，無理やり破壊するとバッテリーからの液漏れ（有毒物
質の漏れ出し）の危険性があるので，絶対に行わないようにしましょう。

●電気・ガス・水道等の解約申込み

　電気，ガス，水道などの公共サービス利用契約の解除については，まず，カスタマーセンターに電話して，死亡に伴う退去であること，解約時までの利用料金を受任者が支払うことを伝えます。その際，利用明細等に記載の「お客様番号」などのIDを伝えると確認が早く，手続きがスムーズです。公共サービスの解約にあたっては死亡証明や契約書の開示を求められるケースはほぼありませんが，代わりに退去の確認，閉栓の手続きのために係員が訪問することがあります。利用停止日を不動産の明渡し日と同日にすれば，立会いを効率よく進めることができます。

●その他各種契約の解約申込み

　公共サービスの他にも，固定電話，インターネット接続サービス，新聞・雑誌等の定期購読契約，クレジットカード契約など日常生活に関するさまざまなサービスの利用契約解除について，各サービスのカスタマーセンターに電話をして申し込みます。

　ほとんどのサービスで死後事務委任契約の受任者が解約手続を行うことへのマニュアルを備えていないため，「ご遺族から連絡をしてください」という対応をされることが予想されますが，事情を丁寧に説明し，①死亡証明の戸籍謄本等，②契約書の写し（清算型遺言の場合は遺言書の写しを含む），③受任者の身分証明書の写し，などの資料を相手方に郵送・FAX等で送り，内容を精査したうえで，手続きの可否を判断してもらうよう求めます。事情説明の際は，受任者が責任をもって債務を清算することは，相手方の利益にも適うという点を強調しましょう。

　相手方が手続きに応じてくれた場合でも「手続書類は契約者（委任者）の住所に送付する」という，これまたマニュアルな返答をされることがありますが，明渡し後の自宅に書類を送付されても対応できませんので，受任者宛

に送付してもらうよう粘り強く交渉しましょう。一般のオペレーターレベルでは埒が明かないことが多いので，早めの段階で責任者と交渉できるよう取り次いでもらうことも重要です。

●不動産の明渡し・鍵の返却

不動産管理会社の担当者立会いのもと，物件の状況について確認し，鍵の返却を行います。敷金と原状回復費用の精算，最後の賃料の支払いなどについても最終確認をし，後日支払いを完了させて事務を結了させます。

●郵便物の転送設定について

明渡し後の委任者宅にいつまでも委任者宛の郵便物が届く事態，特に請求書や各種契約の解約手続に関する書類が届く状態は避けたいところですが，第7章（141ページ）で解説したとおり，転送設定を行うことができません。

委託者のポストを定期的に確認し，できるだけ明渡し時までにカタログ，ダイレクトメール等の郵便物の配送停止，請求書等の送付先変更の手続きを済ませるようにしましょう。

勤務先企業・機関の退職手続き

雇用形態を問わず，勤務先の企業・機関がある場合は，勤務先の担当者に連絡をして，①未払給与の受領，②社員証，制服等の貸与物の返却，③ロッカー，デスク内の私物整理など退職に伴う諸手続を行います。

組合けんぽ，協会けんぽなどの健康保険に加入していた場合は，勤務先を通じて健康保険証を返却，脱退の手続きを行います。その他，厚生年金の資格喪失届，源泉所得税に関する年末調整についても同様です。

　委任者の生前の意向にもよりますが，勤務先所定の死亡退職金や弔慰金の支給がある場合は，該当する親族に連絡を取り，受給資格があることや手続きの流れについて説明をしておきます。

　その他，職能団体に加入している場合も脱退の届出や資格証の返却，未払会費の清算等の手続きを行わなければならない場合があります。各団体に連絡をして，調整を行います。

🌿 行政機関での諸手続

　不動産賃貸借契約をはじめとする私人間の契約関係の清算のほか，行政機関が窓口となる手続きについても処理していきます。

●各種受給者証の返納

　国民健康保険証，後期高齢者医療保険証，介護保険証，障害者手帳など，市町村が発行する医療や介護に関する資格証・受給者証は，死亡に伴い資格を失効するため，各発行窓口に赴き返納を行います。このとき，各保険料について死亡月までのものに未払分があれば清算を行います。逆に，死亡月以降の分まで納付している場合は還付金が生じる場合があります。還付金の受領ができるように，遺言書の記載を工夫しておきましょう。

●その他身分証明書の返納

　個人情報の取扱いに慎重を期し，悪用を防ぐために返納手続を行います。個人番号（マイナンバー）カード，個人番号通知カード，印鑑登録証などは市町村役場の発行窓口で引き取ってもらいます。運転免許証は最寄りの警察署，パスポートについては旅券事務所（パスポートセンター）が窓口となります。

令和＊年＊月＊日

一般旅券返納申出書

外務大臣　殿

東京都知事　殿

下記の理由により有効な一般旅券を返納致します。

申出人

住　所　（受任者の住所）_____

氏　名　（受任者名）_____

旅券名義人との関係　死後事務委任契約受任者

返納する旅券	旅券番号	＊＊＊＊＊＊＊＊＊
	発行年月日	＊＊＊＊年　　＊月　　＊日
	名義人氏名　（委任者名）	

理由

　名義人死亡のため

疎明資料(　　　　　　　　　　　　　　　　　　　　)

270

●公的年金の受給停止手続

　死亡後も年金が支払われ続けると，過払金の返還義務を負うことになりますので，直ちに年金の受給を停止する手続きを行います。通常は，年金事務所に「年金受給権者死亡届」を提出することになっていますが，この届出の義務者は戸籍法上の死亡届の届出人（国民年金法105条4項[15]）となっており，受任者が届出人となることはできません。もっとも，日本年金機構にマイナンバーが収録されている方については，原則として届出が不要とされているため，親族に協力してもらえない場合でも大きな問題にはならないでしょう。委任者のマイナンバーが日本年金機構に収録されているかどうかは，「ねんきんネット」を利用すればオンラインで確認することができます。契約の設計段階で確認しておくことをお勧めします。

　年金受給権者死亡届の提出をしない場合でも実務上，年金の受給用口座を凍結してしまえば，物理的に年金の受給を停止してしまうことが可能です。第5章（79ページ）でも解説しましたが，年金は後払い制になっており，委任者には死亡月分までの年金を受給する資格があります。特別徴収（天引き）される住民税や社会保険料の処理を含めて，死亡月分までの入金を待ったほうが，後述する税金の清算事務が楽になる[16]ので，死亡後すぐに口座を凍結

15　国民年金法105条4項（届出等）

　　被保険者又は受給権者が死亡したときは，戸籍法（昭和22年法律第224号）の規定による死亡の届出義務者は，厚生労働省令の定めるところにより，その旨を第3号被保険者以外の被保険者に係るものにあつては市町村長に，第3号被保険者又は受給権者に係るものにあつては厚生労働大臣に届け出なければならない。ただし，厚生労働省令で定める被保険者又は受給権者の死亡について，同法の規定による死亡の届出をした場合（厚生労働省令で定める場合に限る。）は，この限りでない。

16　年金から特別徴収されている住民税，社会保険料は，年金受給用口座が凍結され，年金の支給が停止されたこと（天引きが不能になったこと）が確認されたのち，普通徴収に切り替わる。この切り替えまで，2，3カ月程度の時間がかかる。

するのは得策ではありません。

　遺族年金，遺族厚生年金の受給資格がある親族がいる場合，受給申請を行うのは当該親族になりますから，受給資格があることや手続きの概要だけをアナウンスし，以後の手続きは当該親族に委ねます。

●固定資産税・住民税等の納付と納税管理人の届出

　固定資産税，住民税，自動車税などの賦課課税方式の税金につき，死亡時点で未払いのものがあれば納付を行います。①死亡時において課税時期は到来しているがまだ納税通知書・納付書が発行されていない場合，②委任者の口座引落しで納付していたものを，納付書（現金）による支払いに切り替えたい場合，③住民税を特別徴収（給与・年金からの天引き）から普通徴収に切り替えたい場合は，それぞれの税金を所管する窓口に赴き，納税管理人の届出をしたうえで，納付書の交付を受け，税金を納付します。

✿ 納税管理人承認申請書サンプル

第5号様式（第6条関係）

納税管理人申告書・納税管理人承認申請書

納税管理人の住所が港区内の場合は申告書、区外の場合は申請書として使用してください。

Notification and Application for Approval of the Resident Tax Administrator

（宛先）港区長
To:The Mayor of Minato City

	氏　　　名 Name	(Last)　　　(First)　　　(Middle) (委任者名)
納税義務者 Taxpayer	生年月日 Date of Birth	昭和＊＊年＊月＊日
	課税地 Place of Taxation	(委任者の住所)　　　　　TEL
	現住所(本邦内) Present Address (in Japan)	(委任者の住所)　　　　　TEL

	ふりがな 氏名　又は　法人名 Name for individual or corporate	よしむらしんいち 吉村信一　(Signature)(Seal) 印
納税管理人 Tax Administrator	送付先　①か②のいずれかを選択してください。　Address option ①or②	
	①　個人送付先住所 (納税管理人が個人の場合) Mailing address for individual	〒 (受任者の住所)　　TEL
	②　法人送付先住所 (納税管理人が法人の場合) Mailing address for corporate	〒　－ TEL

私は上記の者を納税管理人として定めましたので、（申告 ・ 申請）します。　※　〇印を付けてください。

令和元 年 6 月 13 日

氏 名： 吉村信一 印

I would like to ( ) notify ( ) apply for the approval　＊Please mark one that applys.
that I have assigned the above specified person as my tax administrator.

Date:　　　　　　　　　　　　　Signature:
Name:　　　　　　　　　　　　　Seal:

●**所得税の準確定申告について**

　所得税の準確定申告は，先に述べたとおり相続人が申告義務者となっており，受任者が申告・納税手続を行うことができません。申告の必要が生じる場合は，相続人に連絡して協力を仰ぐ，あるいは契約の設計段階から協力が得られる包括受遺者を用意しておき，包括受遺者の名で申告を行うという方法を選択することになります。

 業務の結了

　全ての死後事務が終了したら，執行費用から立替払いした経費や報酬を控除するとともに，①執行した死後事務の内容，②支払った経費，③報酬額などを記載した報告書を作成し，相続人に交付します。遺言執行の事務報告と併せて行いましょう。

あとがき

　本著では，死後事務委任契約の受任から執行までのテクニカルな部分をお伝えしてきましたが，改めて強調しておきたいのは，死後事務委任契約は，依頼者のQOL（生活の質），QOD（死に至る過程の質）を向上させるための一手段であるということです。

　実務家として最も大切なことは，知識，技術以上に「依頼者の人生そのものを支えていく」という姿勢かと思います。そんな専門家像を想い描いているのであれば，目の前に悩める依頼者がいたとき，ぜひ自信を持って一歩を踏み出してください。

　今後，死後事務委任契約を業務の一ジャンルとして確立していくためには，全国的な実務家同士のノウハウ共有の繋がりが重要であると考えています。個別にご相談，ご質問があれば，ぜひ筆者宛にご連絡をいただければと存じます。本著の提供以外にも，読者諸兄の「悩める依頼者を支えていきたい」という想いを支援していきたいと考えております。

　結びにあたり，取材協力，情報提供を通じて本著の執筆にご協力いただきました関係者の皆様に深く御礼申し上げます。

索　引

【さ行】

【た行】

【執筆者紹介】

吉村　信一（ヨシムラ　シンイチ）
　　吉村行政書士事務所代表／東京都行政書士会所属／広島県広島市出身

　広島工業大学附属広島高等学校卒業。東京スクールオブミュージック専門学校卒業。テレビ局の音声エンジニアから行政書士に転身した異色の経歴を持つ。平成24年に東京都北区で吉村行政書士事務所を開業。相続分野のほか、開業当初から死後事務委任契約の受任や看取りに取り組み、その先進的な取組みはテレビ、新聞、雑誌などさまざまなメディアで取り上げられている。

　近年は，自身の経験やノウハウを伝える講演に取り組み，死後事務委任契約の実務を担う専門家を増やしていくための活動に力を注いでいる。

著者との契約により検印省略

令和元年 7 月 1 日　初版発行	**死後事務委任契約の実務**
令和 2 年10月 1 日　第 2 版発行	**士業のための「おひとりさま終活業務」の手引き**
令和 5 年 2 月 1 日　第 3 版発行	**（第 3 版）**

著　者　　吉　村　信　一
発行者　　大　坪　克　行
印刷所　　株式会社　技　秀　堂
製本所　　牧製本印刷株式会社

発 行 所　東京都新宿区　　　株式　税 務 経 理 協 会
　　　　　下落合2丁目5番13号　会社

郵便番号　161-0033　　振替　00190-2-187408　　電話（03）3953-3301（編集部）
　　　　　　　　　　　　FAX（03）3565-3391　　　　（03）3953-3325（営業部）
URL　http://www.zeikei.co.jp/
乱丁・落丁の場合はお取替えいたします。

ISBN978－4－419－06905－6　C3032